FREUD

por ele mesmo

Os Objetivos, a Filosofia e a Missão da Editora Martin Claret

O principal Objetivo da MARTIN CLARET é continuar a desenvolver uma grande e poderosa empresa editorial brasileira, para melhor servir a seus leitores.

A Filosofia de trabalho da MARTIN CLARET consiste em criar, inovar, produzir e distribuir, sinergicamente, livros da melhor qualidade editorial e gráfica, para o maior número de leitores e por um preço economicamente acessível.

A Missão da MARTIN CLARET é conscientizar e motivar as pessoas a desenvolver e utilizar o seu pleno potencial espiritual, mental, emocional e social.

A MARTIN CLARET está empenhada em contribuir para a difusão da educação e da cultura, por meio da democratização do livro, usando todos os canais ortodoxos e heterodoxos de comercialização.

A MARTIN CLARET, em sua missão empresarial, acredita na verdadeira função do livro: o livro muda as pessoas.

A MARTIN CLARET, em sua vocação educacional, deseja, por meio do livro, claretizar, otimizar e iluminar a vida das pessoas.

Revolucione-se: leia mais para ser mais!

MARTIN CLARET

LIVRO-CLIPPING

FREUD

por ele mesmo

MARTIN CLARET

Créditos

Martin Claret - pesquisador e organizador deste livro, gaúcho de Ijuí, é empresário, jornalista e editor em São Paulo. Dá consultoria a várias entidades ecológicas.

IDEALIZAÇÃO E REALIZAÇÃO
Martin Claret

MIOLO
Revisão
Rosana G. Citino

Projeto Gráfico
José Duarte T. de Castro

Direção de Arte
José Duarte T. de Castro

Digitação
Graziella Gatti Leonardo

Editoração Eletrônica
Editora Martin Claret

Fotolitos da Capa
OESP

Papel
Off-Set, 70g/m²

Impressão e Acabamento
Paulus Gráfica

EDITORA MARTIN CLARET
R. Alegrete, 62 - Bairro Sumaré - CEP: 01254-010
São Paulo - SP - Tel.: (11) 3672-8144 - Fax: (11) 3673-7146

Agradecemos a todos os nossos amigos e colaboradores — pessoas físicas e jurídicas — que deram as condições para que fosse possível a publicação deste livro.

www.martinclaret.com.br

Este livro foi composto e impresso no outono de 2004.

FREUD

Índice

Freud começou a ver a psiquiatria como um ramo separado da medicina, a partir de seus estudos com o neurologista francês Charcot.

PREFÁCIO
do Editor

O propósito da coleção
O Autor por Ele mesmo

Martin Claret

Estudos da História moderna têm revelado que somos uma civilização construída sobre os fundamentos da escrita. O Homem, no seu aspecto histórico-cultural, tem sido, grandemente, um produto do livro.

Um recente relatório da UNESCO, sobre o hábito da leitura no mundo, conclui que nenhum outro processo de comunicação — inclusive o eletrônico — é instrumento mais adequado de treino mental e fortalecimento do poder da imaginação do que o contato humano com o material impresso de boa qualidade: o livro.

Educadores e cientistas sociais têm constatado que, ao lado da informação de massa, vem se desenvolvendo a "moderna sociedade instruída" — uma sociedade que não só garante a todos uma instrução básica, mas também se preocupa com o ensino dos adultos.

No mundo de hoje e no de amanhã, jamais deixaremos de ser alunos. O educador moderno está aperfeiçoando esse ideal de educação permanente, em jovens e adultos. Neste contexto educacional, o livro é o instrumento fundamental.

Aqui, ousamos "futurar", com o mestre Antônio Houaiss, fazendo nossas as palavras que ele escreveu em seu magnífico prefácio para A Construção do Livro, *de autoria de Emanuel Araújo: "(...) o livro, materialmente, na sua feição mais requintada ou mais generalizada presentes — folhas de papel impresso, alçadas, coligadas e vestidas numa unidade normalmente portátil (mesmo que a duas mãos) —, esse livro pode desaparecer: mas não desaparecerão, com sua fisicidade, as suas mensagens e seus códigos (...) O computador que equivaler à soma de todos os livros será um servo daqueles dialetos — da linguagem oral, que é sobretudo resultado dialético da linguagem escrita (...)*

O 'Livro' poderá, assim, para certos fins, apresentar-se sob outra técnica física. Mas, enquanto perdurar o rigor da leitura a sós, o enlevo da leitura, a emoção do manuseio sensual das páginas, enquanto isso perdurar, teremos os livros-livros, esses que estão aí tão incorporados à nossa maneira de sermos humanos (tanto assim que, onde ele não é isso, aí impera o atraso, a sotoposição, a exploração)".

Também Jorge Luis Borges, o extraordinário escritor argentino — ele amava infinitamente os livros —, conceituou, com incrível lucidez e alcance universal, a importância do livro. Eis o seu pensamento: "Dos muitos instrumentos inventados pelo homem, nenhum pode comparar-se nem de longe ao livro, porque os outros instrumentos são extensões, são mecanismo desse outro mecanismo que é o nosso corpo... Em troca, o livro é uma extensão da memória e da imaginação".

Sim, o livro — esse fundador de civilizações — continuará a influenciar, com dinâmico impacto, o infinito universo de nossas possibilidades.

Nós, que existimos e nos movemos no mundo dos livros; nós, que criadoramente amamos o livro em todas as suas formas e tecnologias, acreditamos substantivamente na função do livro.

A criação e a publicação desta coleção O Autor por Ele Mesmo *são o resultado final de uma pesquisa de campo, em que se detectou um perfil de leitor: o jovem com um projeto de vida, desejoso de saber mais e consciente da necessidade de atualizar o seu potencial. Vem para atender a uma necessidade cultural e de mercado.*

A coleção O Autor por Ele Mesmo *não é uma simples série de fascículos, de seqüência obrigatória. É uma biblioteca permanente de livros independentes. Dinamicamente ilustrado, foi diagramado para oferecer uma leitura fácil e agradável.*

É um moderno e informativo estudo, destinado principalmente à juventude.

Os doze primeiros personagens foram selecionados pela nossa coordenação editorial, mas a coleção é uma proposta aberta e aceita permanentemente sugestões editoriais e de títulos. O limite quantitativo da coleção será determinado pelos próprios leitores.

*Nosso projeto editorial é oferecer o livro ciberneticamente construído — o livro-*clipping *—, cujas características sejam: custo barato, "livro para ler"; encontrável em qualquer parte e elaborado de forma a atender à nossa realidade cultural e socioeconômica. Nosso modelo para inovar foi copiar o processo criador da própria Natureza — "fazer o novo a partir do velho".*

Acreditamos lobatianamente ("um país se faz com homens e livros") que a leitura de textos fundamentais dos grandes personagens da Humanidade é benéfica, instrutiva e motivadora em si, com força capaz de complementar convenientemente a formação da mentalidade das gerações presentes e futuras, despertando potencialidades e vocações.

Participe positivamente.

Você nunca será o mesmo depois de ler um livro.

Livro muda as pessoas.

Livro muda o mundo.

Leia mais para ser mais!

Freud em 1906.

FREUD
Um Estudo

A decifração da mente

José Vicente Martins Campos*

O mundo todo, este ano (1989), cinqüentenário de sua morte, reverencia Sigmund Freud, o médico vienense cuja genialidade dirigiu-se inteiramente à decodificação da mente humana, por meio da psicanálise. Se não foi ele o primeiro entre tantos pensadores que tentaram antes analisá-la, não resta dúvida de que a ele devemos a grande abertura a uma pesquisa mais profunda dos complexos fenômenos psíquicos que desafiam os estudiosos a encontrarem a forma metodológica mais adequada à sua decifração. Na origem da psicanálise, como método proposto por Freud, situa-se o gigantesco esforço auto-analítico, dispendido em benefício da compreensão de sua própria estrutura mental e emocional.

---

* José Vicente Martins Campos é membro emérito da Academia de Medicina de São Paulo, membro da Sociedade Freud de Viena, e professor de pós-graduação na área de Gastroenterolgia Geral e Pediátrica e na de Nutrição.

Freud adolescente, brilhante na escola, aferrado à leitura, sentiu-se atraído pela pesquisa científica da natureza e, ao ingressar da faculdade de medicina da Universidade de Viena, passou a sofrer a influência de notáveis professores. Entre eles destacaram-se Carl Clauss, no estudo da Anatomia Comparada, Ernst Brücke, grande fisiologista, Hermann Nothnagel, eminente professor de Medicina Interna, e o famoso cirurgião Theodor Billroth.

Nem a dedicação de Freud à medicina nem suas pesquisas de neuroanatomia no laboratório do prof. Clauss o desviaram de explorações filosóficas, estas sob a influência de Franz Brentano, eloqüente intérprete de Aristóteles e da psicologia empírica. Ele também não se afastou do estudo dos revolucionários trabalhos de Charles Darwin, na época divulgados na língua alemã, pelo próprio mestre de Freud, Carl Clauss.

O passo seguinte foi o da pesquisa desenvolvida no laboratório de fisiologia, junto a Ernst Brücke. Durante sete anos, de 1876 a 1883, sob a supervisão de ambos os mestres, Freud aprofundou-se no estudo da intrincada estrutura do sistema nervoso e publicou seus primeiros trabalhos. Entre eles destaca-se sua pioneira teoria sobre o neurônio, de 1883, a qual, lamentavelmente, passou despercebida.

Nessa mesma época, em viagem pela Inglaterra, tornou-se grande admirador e adepto da cultura inglesa e começou a buscar uma visão científica do mundo. Foi quando a mitologia e a arqueologia passaram a permear suas especulações.

É portanto apoiado nessa sólida formação que Freud entrou no âmbito da psicologia científica, na neuropatologia, na neuropediatria e na neuropsiquiatria.

Em 1885, o estágio que Freud fez em Paris, com o prof. Jean Martin Charcot, que, na época, procurava desvendar a patologia da histeria, empregando a hipnose como técnica exploratória da mente, marcou-o profundamente, como que acarretando uma mutação mental. Na Salpêtrière, com Char-

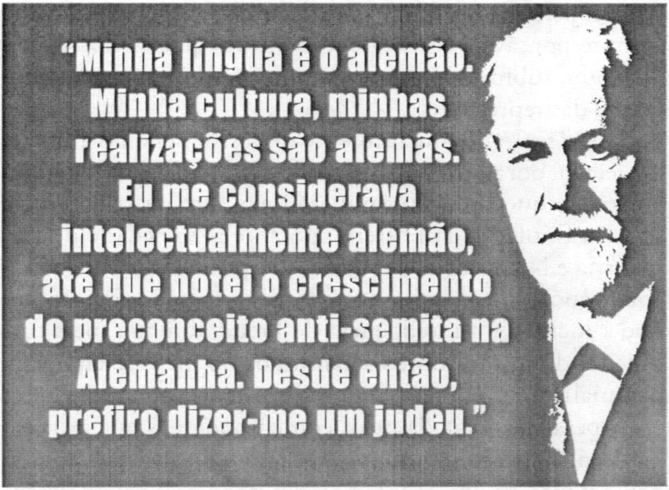

cot, além de estudos clínicos, no laboratório de patologia, aprofundou-se na pesquisa da histologia do sistema nervoso de crianças que haviam sido portadoras de paralisia cerebral.

Foi durante o estágio com Charcot que um fato importante, segundo Masson, sensibilizou sobremaneira Freud. Ele tomou conhecimento do famoso depoimento publicado pelo prof. Ambroise Tardieu, titular da Medicina Legal na Universidade de Paris, sobre o grave problema das sevícias e abusos sexuais em crianças, sobretudo em meninas pequenas. As necrópsias daquelas que foram violentadas por adultos, inclusive por familiares próximos — aliás fenômeno de psicopatologia social que aflige a sociedade até hoje em dia —, reforçaram certamente, a seus olhos, a necessidade da psicanálise profunda. Por meio dela, Freud, já de volta a Viena, encontrou em seus pacientes histéricos a “cena” traumática ocorrida na infância. De base sexual ou não, Freud, qual um arqueólogo, procura detectar, nos casos de neurose e neuropsicose, ou traumas mais antigos que, na infância, eram responsáveis por seqüências e conseqüências psíquicas distantes, submersas no inconsciente, sob a barreira das defesas e das repressões.

Foi dentro de um ambiente de resistência, hostilidade e rejeição, por parte do mundo médico vitoriano da capital austríaca, que Freud pronunciou sua famosa conferência sobre a Etiologia da Histeria, perante a Sociedade de Psiquiatria e Neurologia de Viena, a 21 de abril de 1896. Essa conferência é, até hoje, considerada um monumento em que a lucidez e a inteligência de Freud abrem a mais turbulenta discussão sobre os caminhos do inconsciente e da psicanálise.

Apesar de rejeitada pelos contemporâneos que a ela assistiram, sua repercussão até os dias atuais mostra como o pensamento de um grande homem pode provocar a expansão de novas idéias. Entre prós e contras, é inegável, como afirma Jonathan Miller, que o interesse pela mente humana, despertado por Freud, alterou irreversivelmente as perspectivas da controvérsia psicológica e criou outras, totalmente novas. Em razão disso, é difícil hoje em dia discutir os temas principais da conduta humana, sem, de alguma maneira, levar em conta as abordagens freudianas.

A figura exponencial do mestre vienense deve-se não só ao caráter explicativo como à precisa colocação do inconsciente dinâmico, em meio à área obscura do pensamento. Segundo Peter Gay, Freud situa, com o máximo de exatidão e clareza, o papel central do inconsciente na formação e perpetuação dos conflitos psicológicos. A intepretação dos sonhos, os atos falhos — orais ou escritos —, as somatizações, o estado hipnótico, os comportamentos contraditórios ou aparentemente irracionais constituem material que, introduzido por Freud e reelaborado por seus discípulos e outros pensadores — independentemente de qualquer filiação ao Mestre —, alargou, para o homem contemporâneo, a visão geral e abrangente da Natureza e do Universo Mental humanos.

Ao aproximar-se do século XXI, a avaliação da obra de Freud e de suas largas repercussões, cinqüenta anos após sua morte, dá uma idéia do quanto essa figura humana exponencial impele-nos a sair da era da revolução tecnológica deste século, para fazer com que a humanidade toda mergulhe, finalmente, na tão aguardada revolução da inteligência.

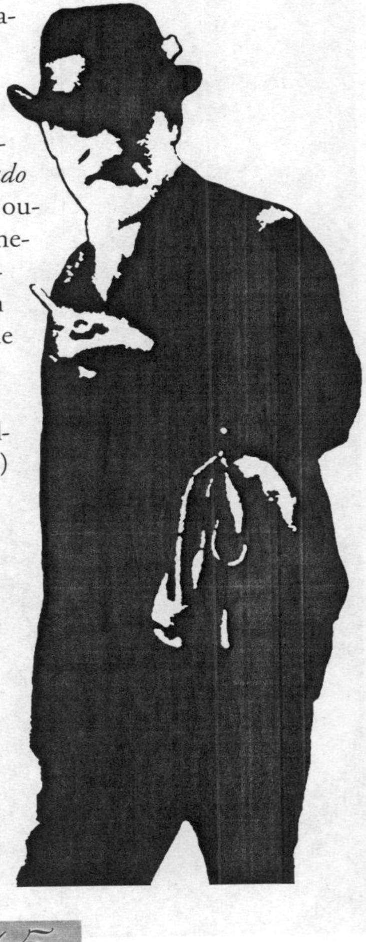

O prof. Sigmund Freud faleceu às três horas da madrugada do dia 23 de setembro de 1939. O jornal *O Estado de S. Paulo* publicou, em 8 de outubro desse ano, notável "In memoriam", escrito em homenagem a Freud pelo prof. Jean Maugué, da Universidade de São Paulo.

(Fonte: *O Estado de S.Paulo*/ Cultura, nº 480, São Paulo, 7/10/89.)

Freud em 1909.

FREUD

Perfil Biográfico

Autobiografia*
(1925)

I

Vários colaboradores desta coleção iniciam seus trabalhos fazendo ressaltar a espinhosa singularidade de sua incumbência. Para mim a tarefa se torna ainda mais árdua, porque nos repetidos trabalhos deste gênero, que já publiquei, esbarrei sempre com a circunstância de que a natureza especial do tema me obrigava a falar de mim mesmo mais do que é habitual ou se julga necessário.

Minha primeira exposição do desenvolvimento e do conteúdo da psicanálise foi efetuada nas cinco conferências que a Clark University me convidou a pronunciar em suas aulas, durante as festas com que comemorou o vigésimo aniversário de sua fundação (1909). Recentemente escrevi para

---

*Publicada na coleção intitulada *A Medicina do presente exposta por seus próprios representantes*, Ed. Felix Meiner, Leipzig. Tradução do dr. Isaac Izecksohn.

uma publicação norte-americana — *Os começos do século XX* —, cujos diretores honraram a importância de nossa disciplina, reservando-lhe um capítulo especial para outro trabalho análogo. No intervalo, a revista *Jahrbuch der Psychoanalyse*, publicou um ensaio meu, intitulado *História da Psicanálise*, que já contém tudo o que pode ser comunicado aqui. Sendo-me impossível contradizer-me e não querendo repetir sem modificações o já exposto em outros lugares, tentarei estabelecer no presente trabalho uma nova proporção de elementos subjetivos e objetivos, fundindo o biográfico com o histórico.

Nasci no ano de 1856 em Freiberg (Morávia), pequena cidade da atual Tchecoslováquia. Meus pais eram judeus, religião a que continuo pertencendo. De meus ascendentes por linha paterna, consta-me que viveram durante muitos anos em Colônia, emigraram no século XIV ou XV para o Leste, obrigados por uma perseguição aos judeus, e retornaram depois, no século XIX, através da Lituânia e da Galícia, fixando-se na Áustria. Com quatro anos de idade, trouxeram-me meus pais a Viena, cidade em que segui todos os graus de instrução.

No ginásio, conservei durante sete anos o primeiro lugar, gozando assim de uma situação privilegiada, tendo sido dispensado de fazer quase todos os exames. Embora nossa posição econômica não fosse desafogada, queria meu pai que, para escolher carreira, eu atendesse unicamente a minhas inclinações. Naqueles anos juvenis não sentia nenhuma predileção especial pela atividade médica, nem a senti mais tarde. O que me dominava era uma espécie de curiosidade, ligada mais às circunstâncias humanas que aos objetos naturais, e que não tinha reconhecido ainda a observação como o meio principal de se satisfazer. A teoria de Darwin, muito em voga naquela época, atraia-me extraordinariamente, porque parecia prometer um grande progresso para a compreensão do mundo. A leitura do ensaio goethiano *A*

Natureza, ouvida numa conferência de vulgarização científica, decidiu-me, finalmente, a me inscrever na faculdade de medicina.

A Universidade, cujas aulas comecei a freqüentar em 1873, forneceu-me inicialmente sensíveis decepções. Antes de tudo preocupava-me a idéia de que o fato de pertencer à religião israelita me punha numa situação de inferioridade em relação a meus condiscípulos, entre os quais me sentia como um estrangeiro. Mas em breve repeli com toda energia essa preocupação. Nunca pude compreender por que haveria de me envergonhar de minha origem, ou, como então já se começava a dizer, de minha raça. Assim mesmo, renunciei sem grande sentimento à co-nacionalidade que me era negada. Pensei, efetivamente, que para um trabalhador cioso haveria sempre um lugar, por pequeno que fosse, nas filas da humanidade laboriosa, embora não estivesse integrado em nenhum dos grupos nacionais. Mas essas primeiras impressões universitárias tiveram a conseqüência importantíssima de me acostumar desde o início a figurar nas filas da oposição e fora da "maioria compacta", dotando-me de certa independência mental.

Descobri também nesses primeiros anos universitários, que a peculiaridade e a limitação de minhas aptidões vedavam-me qualquer progresso em algumas disciplinas científicas, cujo estudo havia empreendido com impetuosidade juvenil. Desse modo, se me impôs a verdade da advertência do Mefistófeles goethiano "Debalde vagais pelos domínios da ciência; ninguém aprende senão aquilo que lhe é dado aprender".

No laboratório fisiológico de Ernst Brücke obtive finalmente tranqüilidade e satisfação completas, encontrando ali pessoas que me inspiravam respeito e que podia tomar como modelos. Brücke encarregou-me de uma investigação relativa à histologia do sistema nervoso, trabalho que executei com grande satisfação sua e continuei depois por minha conta. Permaneci nesse Instituto de 1876 a 1882, com pequenas interrupções, e era considerado como destinado a ocupar a primeira vaga de "auxiliar" que ali surgisse. Os estudos propriamente médicos — exceção feita da Psiquiatria — não exerciam sobre mim grande atração e, atrasando-me assim em minha carreira, só obtive o título de doutor em 1881.

Mas em 1882 meu venerado mestre retificou a confiada fantasia de meu pai, chamando urgentemente minha atenção para a má situação econômica em que me encontrava, e aconselhando-me que abandonasse minha atividade puramente teórica. Seguindo seus conselhos, deixei o laboratório fisiológico e entrei como aspirante no Hospital geral. Em breve fui nomeado interno e trabalhei em várias de suas salas, passando mais de seis meses na de Meynert, cuja personalidade já me interessara profundamente em meus anos de estudante.

Entretanto, permaneci, de certo modo, fiel a meus primeiros trabalhos. Brücke tinha-me indicado no início, como objeto de investigação, a medula espinhal de um peixe dos mais inferiores (o Ammocoetes petromyzon), e desse estudo passei ao do sistema nervoso humano, sobre cuja complicada estrutura acabavam de lançar viva luz os descobrimentos de Flechsig. O fato de escolher no início, única e exclusivamente, a *medulla oblongata* como objeto de investigação, foi também uma conseqüência da orientação de meus primeiros estudos. Em oposição completa à natureza difusa de meu trabalho durante os primeiros anos universitários, desenvolveu-se em mim uma tendência para a concentração exclusiva do trabalho sobre uma matéria ou um problema únicos. Essa inclinação continuou predominando em mim e me valeu depois a recriminação de ser exclusivamente unilateral.

No laboratório de Anatomia cerebral continuei trabalhando com a mesma fé que antes no fisiológico. Durante esses anos redigi vários trabalhos sobre a *medulla oblongata*, que mereceram a aprovação de Edinger. Meynert, que me tinha aberto as portas do laboratório ainda antes de estar sob as suas ordens, convidou-me um dia a me dedicar definitivamente à anatomia do cérebro, prometendo-me a sucessão de sua cátedra, porque já se sentia muito velho para se aprofundar nos novos métodos. Atemorizado ante a magnitude de tal empresa, declinei do oferecimento. Provavelmente, suspeitava já que aquele homem não se achava bem disposto para comigo.

A anatomia cerebral não representava para mim, do ponto de vista prático, nenhum progresso em relação à Fisiologia. Dessa forma, para satisfazer as exigências materiais, tive de me dedicar ao estudo das doenças nervosas. Essa especialidade era naquela época pouco tratada em Viena. O material de observação encontrava-se disseminado em várias salas do hospital e, desse modo, carecia-se de qualquer ocasião de estudo, vendo-se cada um obrigado a ser seu próprio mestre. Nem o próprio Nothnagel, a quem a publicação de sua obra sobre as localizações cerebrais tinha conduzido à cátedra, diferenciava a neuropatologia dos demais ramos da medicina interna. Atraído pelo grande nome de Charcot, que resplandecia ao longe, fiz o plano de atingir o posto de docente na seção de doenças nervosas e transladar-me depois, por algum tempo, a Paris, com o objetivo de ampliar ali meus conhecimentos.

Durante os anos em que fui médico auxiliar, publiquei várias observações casuísticas sobre enfermidades orgânicas do sistema nervoso. Pouco a pouco fui dominado a matéria e cheguei a poder localizar tão exatamente um foco na *medulla oblongata*, que a autópsia não acrescentava nenhum detalhe às minhas afirmações. Desse modo fui o primeiro médico de Viena que enviou à sala de autópsias um caso com o diagnóstico de "polineurite aguda". A faina de meus diagnósticos, confirmados pela autópsia, atraiu-me o interesse de vários médicos norte-americanos, aos quais comecei a dar, num péssimo inglês, um pequeno curso sobre estes temas, utilizando, como material de observação, os pacientes de minha sala. Mas não possuía o menor conhecimento das neuroses, e assim, quando um dia apresentei a meus ouvintes um neurótico com ininterrupta dor de cabeça e diagnostiquei o caso de meningite circunscrita crônica, todos me abandonaram,s presas de uma indignação crítica justificada, findando aí minha prematura atividade pedagógica. Alegarei, entretanto, para me desculpar, que grandes autoridades costumavam ainda diagnosticar, por aquela época, a neurastenia como um tumor cerebral.

Na primavera de 1885 foi-me conferido o lugar de docente de neuropatologia por merecimento de meus trabalhos histológicos e clínicos. Pouco depois, Brücke obteve para mim uma generosa bolsa a fim de realizar estudos no exterior, e no outono seguinte transferi-me para Paris.

Confundido entre os muitos médicos estrangeiros que se inscreviam como alunos na Salpêtrière, não despertei inicialmente nenhuma atenção especial, mas um dia ouvi Charcot expressar seu sentimento por não ter voltado a ter nenhuma notícia, desde a última guerra, do tradutor alemão de suas conferências. A seguir acrescentou que lhe agradaria muito encontrar uma pessoa idônea que se encarregasse da tradução alemã de suas *Novas conferências*. No dia seguinte ofereci-me para isso, numa carta em que recordo ter escrito que somente padecia da *aphasie motrice* mas não da *aphasie sensorielle du français*. Charcot aceitou meu oferecimento, admitiu-me em seu convívio privado e me fez participar desde então, diretamente, de tudo o que acontecia em sua clínica.

Quando me achava dedicado à redação do presente trabalho, recebi da Franca numerosos ensaios e artigos, atestando uma violenta resistência à aceitação da psicanálise e contendo às vezes afirmações inteiramente inexatas relativas à minha situação perante a escola francesa. Assim, leio, por exemplo, que aproveitei minha estada em Paris para me familiarizar com as teorias de P. Janet, fugindo depois com minha presa. Contra essa afirmativa devo declarar que durante minha estada na Salpêtrière, P. Janet ainda não era sequer citado.

De tudo o que vi ao lado de Charcot, o que mais me impressionou foram suas últimas investigações sobre a histeria, uma parte das quais foi desenvolvida ainda na minha presença, isto é, a demonstração da autenticidade e normalidade dos fenômenos histéricos ("Introite et hic dii sunt") e do freqüente aparecimento da histeria em sujeitos masculinos, a provocação de paralisias e contrações histéricas pela sugestão hipnótica e a conclusão de que esses produtos artificiais apresentam exatamente os mesmos caracteres que os acidentais e espontâneos, provocados freqüentemente por um trauma. Algumas das demonstrações de Charcot despertaram-me inicialmente, assim como aos outros assistentes, certa estranheza e uma tendência à contradição, que tentávamos apoiar numa das teorias então dominantes. O mestre discutia sempre nossas objeções com tanta paciência e amabilidade como decisão, e numa dessas discussões pronunciou a frase: "Ça n'empeche pas d'exister", para mim inesquecível.

Nem tudo o que naquela época nos ensinou Charcot mantém-se ainda em pé. Parte disso aparece agora muito discutível e outra parte sucumbiu inteiramente sob a ação do tempo. Entretanto, resta ainda muito, que passou a integrar duradouramente o conteúdo da ciência. Antes de abandonar Paris, tracei com Charcot o plano de um estudo comparativo das paralisias histéricas com as orgânicas. Propunha-me demonstrar o princípio de que as paralisias e anestesias histéricas das diversas partes do corpo se distribuem segundo a representação vulgar (não anatômica) do homem. O mestre mostrou-se de acordo comigo, mas não era difícil adivinhar que, no fundo, não se sentia inclinado a se aprofundar na psicologia das neuroses. Seu ponto de partida teria sido, efetivamente, a anatomia.

Antes de regressar a Viena permaneci várias semanas em Berlim, dedicado a adquirir alguns conhecimentos sobre as enfermidades da infância, pois o dr. Kassovitz, de Viena, que dirigia um instituto de enfermidades da infância, tinha-me prometido estabelecer uma sala destinada às enfermidades nervosas infantis. Em Berlim fui amavelmente acolhido por Ad. Baginsky. Durante minha atividade no instituto de Kassovitz publiquei vários trabalhos sobre a paralisia cerebral das crianças. A esses trabalhos devi mais tarde, em 1897, o convite, feito por Nothnagel, para tratar esse assunto em seu magno *Manual da terapia geral e especial*.

No outono de 1886 estabeleci-me como médico em Viena e contraí matrimônio com a mulher que era minha noiva havia mais de quatro anos e me esperava numa cidade longínqua. É verdade que, sendo ainda minha noiva, me fez perder uma ocasião de adquirir fama já naqueles anos juvenis. Em 1884 chegou a me interessar profundamente o alcalóide chamado cocaína, naquela época muito pouco conhecido, e mandei-o vir da Merck em pequena quantidade, para estudar seus efeitos fisiológicos. Estando dedicado a esse trabalho, apresentou-se a ocasião de fazer uma viagens à cidade onde residia minha noiva, que não via já havia uns dois anos, pelo que terminei rapidamente minha publicação, predizendo que não tardariam em ser descobertas amplas aplicações daquele alcalóide. Antes de sair de Viena encarreguei meu amigo, o dr. Koenigstein, oftalmologista, que investigasse em que medida seriam aplicáveis as propriedades anestésicas da cocaína nas intervenções próprias de sua especialidade. No meu regresso verifiquei que, não Koenigstein, mas outro de meus amigos, Carl Koller (atualmente em Nova York), ao qual também tinha falado da cocaína, tinha realizado experiências concludentes sobre as suas propriedades anestésicas, comunicando-as e demonstrando-as no Congresso de Oftalmologia de Heidelberg. Koller é, portanto, considerado, com razão, o descobridor da anestesia local pela cocaína, tão importante para a pequena cirurgia. Por minha parte não guardo nenhum rancor de minha mulher pela ocasião perdida.

Minha instalação como neurólogo em Viena data, como antes indiquei, do outono de 1886. Em meu regresso de Paris e Berlim achava-se obrigado a dar conta à "Sociedade de médicos" do que tinha visto e aprendido na clínica de Charcot. Mas minhas comunicações a essa sociedade foram muito mal acolhidas. Pessoas de grande autoridade, como o dr. Bamberger, seu presidente, tacharam-nas de incríveis. Meynert convidou-me a procurar em Viena casos análogos aos que descrevia e a apresentá-los à sociedade. Mas os médicos em cujas salas pude achar esses casos negaram-me a autorização para observá-los. Um deles, um velho cirurgião, exclamou ao ouvir-me: "Mas, como pode V. Sa. sustentar tamanhos disparates? *Hysteron* (sic) quer dizer "útero". Como pode, portanto, um homem ser histérico?" Aleguei em vão que não pedia a aceitação de meus diagnósticos, mas somente que me deixassem dispor dos pacientes que escolhesse. Finalmente encontrei, fora do hospital, um caso clássico de hemianestesia histérica num sujeito masculino e pude apresentá-lo e demonstrá-lo ante a "Sociedade de médicos". Dessa vez tiveram de se render ante a evidência, mas depois se desinteressaram da questão. A impressão de que as grandes autoridades médicas tinham recusado minhas inovações foi vitoriosa, e eu me vi relegado à oposição com minhas opiniões sobre a histeria masculina e a produção de paralisias histéricas pela sugestão. Quando, pouco depois, me foram fechadas as portas do laboratório de anatomia cerebral e me vi desprovido de local para fazer minhas conferências, retirei-me totalmente da vida acadêmica e das relações profissionais. Desde então não tornei a pôr os pés na "Sociedade dos médicos".

Mas, se queria viver do tratamento dos doentes nervosos, devia pôr-me em condições de prestar-lhes algum auxílio. Meu arsenal terapêutico só possuía duas arenas: a eletroterapia e a hipnose, porque o envio do paciente às águas medicinais, depois de uma única visita, não constituía uma fonte de renda suficiente. No que se refere à eletroterapia, confiei inteiramente no manual de W. Erb, que incluía prescrições detalhadas para o tratamento de todos os sintomas nervosos. Infelizmente, verifiquei em pouco tempo que as citadas prescrições eram ineficazes e que me tinha enganado ao considerá-las como uma cristalização de observações conscienciosas e exatas, não passando de uma fantasia arbitrária. Esse descobrimento de que a obra do primeiro neurologista alemão carecia de qualquer relação com a realidade foi para mim fartamente doloroso, mas me auxiliou a me libertar de um resto da minha ingênua fé nas autoridades. Dessa maneira, joguei a um lado o aparelho elétrico antes que Moebius declarasse decisivamente que "os resultados do tratamento elétrico dos doentes nervosos não passavam de um efeito de sugestão do médico".

A hipnose já era outra coisa. Sendo ainda estudante, assisti a uma sessão pública do "magnetizador" Hansen e observei que um dos sujeitos da experiência empalidecia ao entrar no estado de rigidez cataléptica e permanecia lívido até que o magnetizador o fazia voltar a seu estado normal. Essa circunstância convenceu-me da legitimidade dos fenômenos hipnóticos. Pouco depois essa opinião encontrou em Heidenhain seu representante científico, circunstância que não impediu aos professores de psiquiatria continuarem afirmando que o hipnotismo era uma farsa perigosa e depreciando os hipnotizadores. Por minha parte, tinha visto empregar sem temor algum, em Paris, o hipnotismo, para criar sintomas e fazê-los desaparecer imediatamente depois. Pouco mais tarde, chegou-nos a notícia de que em Nancy tinha surgido uma escola que utilizava amplamente a sugestão, com ou sem hipnotismo, para fins terapêuticos, obtendo surpreendentes resultados. Todas essas circunstâncias levaram-me a fazer da sugestão hipnótica meu principal instrumento de trabalho — além de outros métodos psicoterápicos mais casuais e menos sistemáticos — durante meus primeiros anos de atividade inédita.

Isso incluía a renúncia ao tratamento das enfermidades nervosas orgânicas, mas essa renúncia não significava grande coisa, porque, em primeiro lugar, a terapia desses estados não oferecia nenhum futuro, e em segundo, o número de pacientes desse gênero era pequeníssimo, comparado com o dos nervosos, número que aparece, por outro lado, multiplicado pelo fato de que os pacientes passam de um médico a outro sem acharem alívio. Finalmente, o hipnotismo dava ao trabalho médico consideráveis atrativos. O médico libertava-se, pela primeira vez, do sentimento de sua impotência e se via lisonjeado pela fama de curas milagrosas. Mais tarde, descobri os inconvenientes desse processo, mas inicialmente não podia ir além de criticar seus defeitos: primeiro, não era possível hipnotizar todos os pacientes; em segundo lugar, não estava no alcance do médico obter, em determinados casos, uma hipnose tão profunda como achava conveniente. Com a finalidade de aperfeiçoar minha técnica hipnótica, fui em 1889 a Nancy, onde passei várias semanas. Vi ali o ancião Liébault, em seu comovedor trabalho com as mulheres e crianças da população operária, e fui testemunha das experiências de Bernheim com os doentes do hospital, adquirindo impressões intensas da existência possível de processos anímicos poderosos que, entretanto, permaneciam ocultos à consciência. Em Nancy, juntou-se-me uma das minhas pacientes histéricas, mulher distinta e de dotes geniais, que me tinha procurado depois de não ter achado o mínimo alívio nas prescrições de outros médicos. Por meio da sugestão hipnótica consegui proporcionar-lhe uma existência suportável, arrancando-a de seu miserável estado. O fato de que ao fim de algum tempo recaísse novamente, atribui-o, no meu desconhecimento das circunstâncias verdadeiras, a que sua hipnose não tinha atingido jamais o grau de sonam-

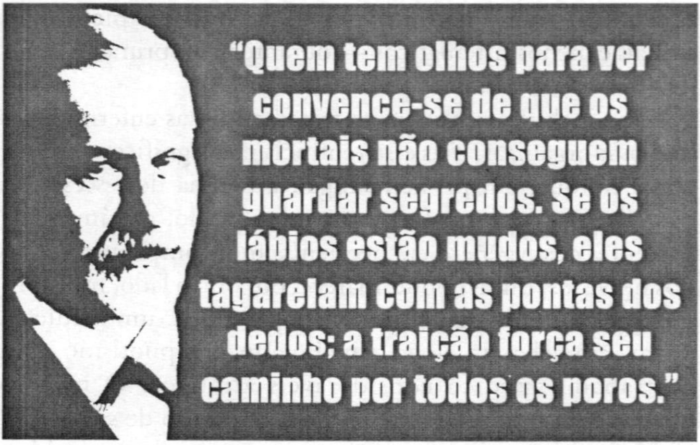

bulismo com amnésia. Bernheim tentou também hipnotizá-la profundamente, mas tampouco o conseguiu, confessando-me depois, sinceramente, que seus grandes êxitos terapêuticos só tinham sido obtidos com pacientes de sua sala do hospital, nunca com doentes de sua clínica particular. Durante minha estada em Nancy tive com ele várias interessantíssimas palestras e aceitei o encargo de traduzir para o alemão suas duas obras sobre a sugestão e seus efeitos terapêuticos.

De 1886 a 1891 abandonei quase por completo a investigação científica e mal publiquei alguma coisa. Tive de dedicar, efetivamente, todo o meu esforço para firmar-me em minha nova atividade e para assegurar a existência material de minha família, que ia aumentando rapidamente. Em 1891 publiquei meu primeiro trabalho sobre as paralisias cerebrais infantis, escrito em colaboração com o dr. Oskar Rie, meu amigo e ajudante. Ao mesmo tempo fui convidado a me encarregar da parte referente à teoria da afasia, dominada então pelo ponto de vista da localização, sustentado por Wernicke e Lichtheim, numa obra de medicina. Um livrinho critico-especulativo, intitulado *Sobre a afasia*, foi o fruto desse trabalho. Passarei agora a descrever como a investigação científica voltou a constituir o interesse capital de minha vida.

II

Completando a exposição precedente acrescentarei que inicialmente me servi do hipnotismo para um fim diferente do da sugestão hipnótica. Utilizei-o, efetivamente, para fazer que o enfermo me revelasse a história da gênese de seus sintomas, sobre a qual, quando se achava em estado normal, não podia muitas vezes fornecer-me dado algum. Esse processo, além de oferecer uma eficácia maior que as simples ordens e proibições da sugestão, satisfazia a curiosidade científica do médico, ao qual cabia um direito indiscutível a descobrir algo que fosse da origem do fenômeno, cujo desaparecimento tentava obter por meio do monótono processo da sugestão.

Cheguei a este outro processo do seguinte modo. Quando ainda me achava no laboratório de Brücke, conheci o dr. Josef Breuer, um dos médicos de família mais considerado de Viena, que possuía, além disso, um passado científico, porque era autor de vários valiosos trabalhos sobre a fisiologia da respiração e sobre o órgão do equilíbrio. Era Breuer um homem de inteligência fora do comum, catorze anos mais velho que eu. Nossas relações tornaram-se rapidamente muito cordiais, e Breuer levou sua amizade a ponto de me auxiliar em situações difíceis de minha vida. Durante muitos anos, compartilhamos todos os interesses científicos, sendo eu, naturalmente, a pessoa a quem esse intercâmbio beneficiava mais. O desenvolvimento da psicanálise custou-me depois sua amizade. Foi para mim bem difícil prescindir dela, mas isso se tornou inevitável.

Antes da minha viagem a Paris, Breuer já me tinha

comunicado um caso de histeria submetido por ele de 1880 a 1882 a um tratamento especial, por cujo intermédio tinha conseguido penetrar profundamente na motivação e no significado dos sintomas histéricos. Isso ocorria numa época em que os trabalhos de Janet pertenciam ainda ao futuro. Breuer leu-me várias vezes fragmentos da história clínica do caso, os quais me deram a impressão de constituírem um progresso decisivo na compreensão das neuroses, Durante minha estada em Paris, informei Charcot a respeito dos descobrimentos de Breuer, mas o mestre não demonstrou interessar-se por eles.

Regressando a Viena, pedi a Breuer que me comunicasse mais detalhadamente suas observações. A paciente era uma moça de ilustração e aptidões nada comuns, cuja doença tinha começado a se manifestar numa ocasião em que estava ocupada em tratar seu pai, gravemente doente. Quando compareceu ao consultório do dr. Breuer oferecia um quadro sintomático variado: paralisia com contrações, inibições e estados de perturbação psíquica. Uma observação casual revelou ao médico que a paciente podia ser libertada das citadas perturbações da consciência quando a obrigava a dar uma expressão verbal à fantasia afetiva que a dominava naquele momento. Desse descobrimento, Breuer deduziu um método terapêutico; submetendo a paciente a um profundo sono hipnótico, fazia-a relatar o que oprimia seu ânimo naquele instante. Dominados assim os acessos de perturbação depressiva, empregou o mesmo processo para provocar o desaparecimento das inibições e dos transtornos somáticos. Durante o estado de vigília, a paciente era tão incapaz como outros enfermos de indicar a gênese de seus sintomas e não encontrava conexão alguma entre eles e algumas impressões de sua vida. Mas na hipnose encontrava imediatamente a ligação procurada. Verificou-se assim que todos os seus sintomas se achavam relacionados a impressões intensas recebidas durante o tempo em que estivera cuidando de seu pai enfermo, e que, portanto, possuíam um sentido correspondente a resíduos ou reminiscências das situações afetivas citadas. Verificou-se que nas ocasiões em que tinha estado junto ao leito do seu pai fora obrigada a reprimir um pensamento ou um impulso em cujo lugar e representação tinha imediatamente surgido o sintoma. Porém, habitualmente, cada sintoma não constituía o resíduo de uma única cena "traumática", mas o resultado da adição de numerosas situações análogas. Quando, depois, na hipnose, a paciente recordava alucinatoriamente a citada situação e realizava *a posteriori* os atos psíquicos antes reprimidos, dando livre curso ao afeto correspondente, o sintoma desaparecia completamente. Com este processo Breuer conseguiu, após um longo e penoso trabalho, libertar a enferma de todos os seus sintomas.

A paciente ficou assim curada e não tornou a sentir qualquer perturbação de ordem histérica, mostrando depois ser capaz de importantes rendimentos intelectuais. Mas o desenlace do tratamento ficava envolto para mim numa certa obscuridade, que Breuer jamais quis dissipar. Também me era impossível compreender por que tinha mantido em segredo durante tanto tempo seu descobrimento, que eu considerava inestimável, em lugar de torná-lo público em proveito da ciência. A única objeção admissível era a de se devia generalizar um fato só verificado num único caso; mas as circunstâncias descobertas pareciam-me de natureza tão fundamental, que, uma vez demonstradas nuns casos de histeria, teriam, na minha opinião, de aparecer integradas em todos os enfermos dessa ordem. Sendo esta, porém, uma questão que somente a experiência podia decidir, comecei a repetir com meus pacientes as investigações de Breuer, não empregando com eles nenhum outro método, sobretudo depois que a minha visita a Bernheim me tinha revelado os limites eficazes da sugestão hipnótica, e, ao fim de vários anos, durante os quais não achei um só caso de histeria que, sendo sensível ao citado método, não confirmasse a descoberta de

Freud aos oito anos, ao lado de seu pai, Jacob, em Viena.

Breuer, tendo reunido um importante material de observações análogas às suas, fiz-lhe a proposta de publicarmos um trabalho comum sobre a matéria, ao que ele começou a se opor tenazmente. Finalmente, cedeu a minhas instâncias, quando Janet já se tinha adiantado, publicando em seus trabalhos uma parte dos resultados anteriormente obtidos por Breuer, isto é, a referência dos sintomas histéricos a impressões da vida do sujeito e sua supressão por meio da reprodução hipnótica. Dessa forma, publicamos em 1893 uma "comunicação preliminar" intitulada *Sobre o mecanismo psíquico dos fenômenos histéricos, e* em 1895 nosso livro *Estudos, sobre a histeria.*

O conteúdo desse livro é, em sua parte essencial, de Breuer, circunstância que sempre declarei honestamente e que faço constar aqui mais uma vez. Na teoria que nele tentamos edificar, colaborei numa medida que hoje já não é possível determinar. Essa teoria mantém-se dentro de limites modestíssimos, não indo muito além de uma expressão imediata das observações efetuadas. Não tenta fixar a natureza da histeria, mas unicamente esclarecer a gênese de seus sintomas. Nesse trabalho ela acentua o significado da vida afetiva e a importância da distinção entre atos psíquicos inconscientes e conscientes (ou, melhor dito: capazes de consciência) e introduz um fator dinâmico, fazendo nascer o sintoma do estancamento de um afeto, e um fator econômico, considerando o mesmo sintoma como o resultado da transformação de um acúmulo de energia, utilizado normalmente de um modo diferente (a chamada "conversão"). Breuer deu a nosso método o qualificativo de "catártico" e declarou que sua finalidade terapêutica era a de conseguir o retorno do acúmulo de afeto utilizado para manter o sintoma e que, por ter seguido um caminho falso, se achava impedido de atingir os caminhos normais, que podiam conduzi-lo a uma descarga. Esse método catártico obteve excelentes resultados. Os defeitos que mais tarde demonstrou possuir são os inerentes a qualquer tratamento hipnótico. Atualmente há ainda muitos psicoterapeutas que continuam empregando esse método como Breuer o empregava. No tratamento das neuroses de guerra, no exército alemão, durante a conflagração européia, foi utilizado por E. Simmel, com êxito satisfatório, como processo curativo abreviado. A sexualidade não desempenhava na teoria da catarse nenhum papel importante. Nas histórias clínicas com que contribui para os *Estudos sobre a histeria*, intervêm certamente fatores da vida sexual, mas não se lhes concede quase valor diferente das outras excitações afetivas. De sua primeira paciente, que chegou adquirir celebridade, conta Breuer que a parte sexual se achava nela surpreendentemente pouco desenvolvida. Pelos *Estudos sobre a histeria* não seria fácil adivinhar a importância da sexualidade na etiologia das neuroses.

Já descrevi várias vezes de maneira tão detalhada o estádio imediato de nossa disciplina, isto é, a passagem da catarse para a psicanálise propriamente dita, que me será difícil consignar aqui algo de novo. O acontecimento que iniciou essa transição foi o retraimento de Breuer de nossa colaboração, ficando desde esse momento em minhas mãos a administração de sua herança. Já anteriormente tinham surgido entre nós algumas diferenças de opinião, mas não tinham sido suficientes para nos separar. Para explicar o problema de quando se torna patogênico um processo anímico, isto é, quando seu desenlace é anormal, Breuer preferia uma teoria que poderíamos qualificar de fisiológica. Opinava que os processos que escapavam a seu destino normal eram os que nasciam em estados anímicos extraordinários (estados "hipnóides"). Mas essa solução só vinha criar um novo problema: o de qual poderia ser a origem dos estados hipnóides. Contrariamente, minha suposição era que existia um jogo de forças, isto é, do efeito de intenções e tendências análogas às observáveis na vida normal, opondo assim à "histeria hipnóide" de Breuer, a "neurose de defesa". Mas essas e outras diferenças não teriam levado jamais Breuer a abandonar nossos trabalhos, se não tivessem vindo acrescentar-se a elas outros fatores. Em primeiro lugar, sua extensa clientela impedia-lhe dedicar, como eu, toda sua atividade ao trabalho catártico, e por outro lado influiu sobre ele a má acolhida feita a nosso livro. Sua confiança em si mesmo e sua capacidade de resistência não estavam à altura de sua organização espiritual. Quando, por exemplo, Struempell lançou uma duríssima crítica a nosso livro, consegui fazê-la resvalar sobre mim, dando-me conta da absoluta incompreensão do exegeta, mas Breuer se irritou e começou a se sentir descorocoado. De qualquer modo, o que mais contribuiu para a sua decisão foi a impossibilidade de se familiarizar com a nova orientação que tomaram meus trabalhos.

A teoria que tínhamos tentado edificar nos *Estudos* era muito incompleta. Sobretudo, mal tínhamos tocado de leve no problema da etiologia, isto é, no da base do processo patogênico. Posteriormente fui verificando, com evidência cada vez maior, que por trás das manifestações da neurose, não agiam excitações afetivas de natureza indistinta, mas precisamente de natureza sexual, sendo sempre conflitos sexuais atuais ou repercussões de acontecimentos sexuais passados. Devo confessar que não me achava preparado para essa descoberta, totalmente inesperada para mim, e que não levei para a investigação dos pacientes neuróticos nenhum preconceito dessa ordem. Quando em 1914 escrevi a *História do movimento psicanalítico*, lembrei-me de algumas frases de Breuer, Charcot e Chrobak, que podiam ter-me orientado neste caminho. Mas naquela ocasião não compreendi bem o que essas autoridades queriam dizer e suas afirmações dormitaram em mim até que, por ocasião das investigações catárticas, ressurgiram sob a forma de descobrimento próprio. Não sabia também, naquela época, que ao ligar a histeria à sexualidade, tinha retrocedido aos tempos mais antigos da medicina e me tinha ligado a um juízo de Platão. Esta última parte foi-me revelada muito depois, pela leitura de um trabalho de Havellock Ellis.

Sob a influência de minha surpreendente descoberta, dei um passo que teve amplas conseqüências. Ultrapassei os limites da histeria e comecei a investigar a vida sexual dos enfermos chamados neurastênicos, que acudiam em grande número a meu consultório. Essa experiência custou-me grande parte de minha clientela, mas me trouxe várias convicções, que hoje em dia, cerca de trinta anos depois, conservam toda a sua força. Era necessário, desde o início, vencer a infinita hipocrisia com que se encobre tudo o que se refere à sexualidade, mas, uma vez obtido isso, encontrava, na maioria desses enfermos, importantes desvios da função sexual. Dada a grande freqüência, tanto dos citados desvios, como da neurastenia, sua coincidência não apresentava grande força convincente, mas observações posteriores mais penetrantes fizeram-me descobrir, na variegada coleção de quadros patológicos, reunida sob o conceito de neurastenia, dois tipos fundamentais diferentes, que podiam surgir misturados em proporções muito variáveis, mas que também podiam oferecer-se à observação isoladamente. Num desses tipos, o fenômeno central era o ataque de angústia, com seus equivalentes, formas rudimentares e sintomas substitutivos crônicos, por tudo o que o batizei de *neurose de angústia*, limitando ao outro tipo a denominação de *neurastenia*. Uma vez feito isso, foi fácil determinar que a cada um desses tipos correspondia uma anormalidade diferente da vida sexual como fator etiológico (*coitus interruptus*, excitação frustrada e abstinência sexual num caso, e masturbação excessiva e poluções freqüentes em outro). Em alguns casos, grandemente instrutivos, em que verificava uma surpreendente transição do quadro patológico de um dos dois tipos para o outro, consegui demonstrar que a citada transição tinha como base uma mudança correlativa no regime sexual. Quando conseguia fazer cessar a anormalidade e substituí-la por uma atividade sexual normal, melhorava consideravelmente o estado do paciente.

Desse modo, cheguei a considerar as neuroses em geral como perturbações da função sexual, sendo as atualmente denominadas neuroses expressões tóxicas diretas das citadas perturbações e as psiconeuroses, suas expressões psíquicas. Minha consciência médica ficou satisfeita com esse resultado, porque esperava ter preenchido uma lacuna da medicina, que não admitia em relação a uma função biologicamente tão importante como esta, outras perturbações além das causadas por uma infecção ou por uma grosseira lesão anatômica.

Fora isso, minha teoria estava, de acordo com a opinião médica de que a sexualidade não é simplesmente algo psíquico, mas que tem também sua faceta somática, devendo-se atribuir-lhe um quimismo especial e derivar a excitação sexual da presença de determinadas substâncias, então ainda desconhecidas. O fato de as neuroses espontâneas, propriamente ditas, não mostrarem tanta analogia com qualquer outro grupo de enfermidades como com os fenômenos de intoxicação e abstinência provocados pela introdução ou subtração de certas substâncias tóxicas, ou com a doença de Basedow, cuja dependência do produto da glândula tireóide é geralmente conhecida, devia possuir também algum fundamento.

Posteriormente, não tive ocasião de voltar sobre a investigação das neuroses atuais. Também ninguém mais continuou essa parte de meu trabalho. Voltando hoje o olhar para os resultados obtidos naquela época, reconheço neles uma primitiva e grosseira esquematização de um estado de coisas provavelmente muito mais complicado, mas continuo considerando-os exatos. Ter-me-ia sido agradável submeter à análise psicanalítica, em épocas posteriores do desenvolvimento de nossa disciplina, outros casos de neurastenia pura, juvenil, mas, como já indiquei antes, não tive ocasião de fazê-lo.

A fim de evitar interpretações errôneas, devo afirmar que

estou muito longe de negar a existência do conflito psíquico e dos complexos neuróticos na neurastenia. Limito-me a afirmar que os sintomas desses enfermos não se acham psiquicamente determinados nem são suscetíveis de supressão por meio da análise, devendo ser considerados como conseqüências tóxicas diretas da perturbação do quimismo sexual.

Quando nos anos seguintes à publicação dos *Estudos* cheguei a esses resultados referentes ao papel etiológico da sexualidade nas neuroses, tratei de expô-los em várias conferências, esbarrando sempre com incredulidade e oposição gerais. Breuer tentou mais uma vez apoiar-me com todo o peso de sua autoridade pessoal, mas nada conseguiu, tanto mais que não era difícil adivinhar que a aceitação da etiologia sexual era também contrária a suas inclinações. Ele teria podido desorientar-me e dar armas à crítica alegando o caso de sua primeira paciente, na qual o fator sexual parecia não ter tomado parte alguma. Mas jamais utilizou esse argumento, circunstância que não cheguei a compreender, até que, algum tempo depois, pude interpretar acertadamente o referido caso e reconstruir o ponto de partida de seu tratamento, baseando-me nas observações que Breuer me tinha comunicado. Terminado o trabalho catártico, surgiu na paciente um repentino estado de "amor de transferência" e, não aceitando Breuer ligar este estado com a enfermidade, foi obrigado, cheio de confusão, a cortar suas relações com a paciente, tornando-se-lhe então muito penosa qualquer lembrança ligada a esse caso, que considerava como um incidente infeliz. Sua conduta para comigo oscilou freqüentemente entre o apoio a minhas afirmações e sua mais acerba crítica. Surgiram depois, como sempre acontece nessas situações, circunstâncias fortuitas que acabaram provocando nossa separação.

Meus estudos das formas da nervosidade geral levaram-me também a modificar a técnica catártica. Abandonei a hipnose e tentei substituí-la por outro método, buscando superar a limitação do tratamento aos estados histeriformes.

Por outro lado, tinha verificado as graves insuficiências do emprego do hipnotismo, inclusive em sua aplicação à catarse. Em primeiro lugar, os resultados terapêuticos obtidos desapareciam ante a menor perturbação das relações pessoais entre médico e paciente. Tornavam certamente a aparecer uma vez conseguida a reconciliação, mas ficava assim demonstrado que a relação pessoal afetiva — fator impossível de ser dominado — era mais poderosa que o trabalho catártico. Finalmente, chegou um dia em que me foi dado verificar algo de que já suspeitava havia muito tempo. Uma de minhas pacientes mais dóceis, com a qual tinha obtido, por meio do hipnotismo, os mais favoráveis resultados, surpreendeu-me, num dia em que tinha conseguido libertá-la de um doloroso acesso ao ligá-lo a sua causa inicial, abraçando-me inesperadamente ao despertar do sono hipnótico. Uma criada que bateu à porta naquele momento evitou-nos uma penosa explicação, mas desde esse dia renunciamos, por um acordo tácito, à continuação do tratamento hipnótico. Suficientemente modesto para atribuir aquele incidente a meus atrativos pessoais, supus ter descoberto com ele a natureza do elemento místico que atuava por trás do hipnotismo. Para suprimi-lo, ou pelo menos para isolá-lo, devia abandonar o processo hipnótico.

Mas o hipnotismo tinha prestado ao tratamento catártico serviços extraordinários ampliando o campo da consciência dos pacientes e fornecendo-lhes um conhecimento de que careciam em estado de vigília. Não parecia fácil, portanto, achar outro método para substituí-lo. Nessa perplexidade, lembrei-me de uma experiência que tinha tido ocasião de testemunhar durante minha visita a Bernheim. Quando o paciente acordava do sonambulismo, parecia ter perdido toda lembrança do que tinha acontecido durante este período. Mas Bernheim afirmava que o sujeito sabia tudo o que acontecera, e quando o convidava a recordá-lo, insistindo em que não ignorava nada e que devia dizê-lo, com a mão posta sobre a testa do paciente, este acabava verificando que as lembranças esquecidas começavam a surgir, primeiro em forma vacilante e depois com absoluta fuidez e clareza. Decidi, portanto, empregar o mesmo processo. Também meus pacientes deveriam "saber" o que antes só a hipnose tornava acessível, e minha insistência, neste sentido, deveria, ter o poder de levar até a consciência os fatos e as conexões esquecidas.

Esse processo seria mais trabalhoso que o hipnótico, mas também mais instrutivo. Abandonei, portanto, o hipnotismo e somente conservei dele a colocação do paciente em decúbito sobre um divã, colocando-me eu por trás dele, de maneira a vê-lo sem ser visto.

III

Minhas esperanças realizaram-se integralmente. Abandonei o hipnotismo, mas a mudança da técnica trouxe consigo uma mudança de aspecto do trabalho catártico. O hipnotismo tinha encoberto um jogo de forças que se evidenciava agora e cuja descoberta fornecia à teoria uma base firmíssima.

Qual poderia ser a causa de que os enfermos tivessem esquecido tantos fatos de sua vida interior e exterior, e pudessem, entretanto, recordá-los, quando lhes era aplicada a técnica antes descrita? A observação dava a essa pergunta resposta mais do que suficiente. Tudo o que o sujeito esquecera tinha sido para ele penoso, por um motivo qualquer, sendo considerado, pelas aspirações de sua personalidade, como temível, doloroso ou vergonhoso. Era de pensar, portanto, que esse fato de ter caído no esquecimento, isto é, de não ter permanecido, era devido precisamente aos citados caracteres desagradáveis. Para tornar novamente consciente o esquecido, era preciso dominar no paciente algo que se rebelava contra isso, com o que era imposto ao médico um esforço destinado a vencer esse algo. Esse esforço variava muito conforme os casos, crescendo na razão direta da gravidade do esquecido, e constituía a medida da *resistência* do enfermo. Desse modo, surgiu a teoria da *repressão.* Já se tornava possível reconstruir facilmente o processo patogênico. Descreveremos, por exemplo, um caso simples: quando se introduz na vida anímica uma tendência à qual se opõem outras muito poderosas, o desenvolvimento normal do *conflito* anímico assim surgido consistiria em que as duas magnitudes dinâmicas — que, para nossos fins presentes, chamaremos instinto e resistência — lutariam durante algum tempo, com intensa expectativa da consciência, até que o instinto fosse repelido e a carga de energia subtraída à sua tendência. Este seria o desenlace normal. Mas na neurose, e por motivos ainda desconhecidos, teria surgido para o conflito um desenlace diferente. O Ego ter-se-ia retirado, por assim dizer, ante o impulso instintivo repulsivo, fechando-lhe o acesso à consciência e à descarga motora direta, com o que o citado impulso teria conservado toda a sua carga de energia. A esse processo, que constituía uma novidade absoluta, porque jamais se tinha descoberto na vida anímica nada semelhante, dei o nome de *repressão.* Era indubitavelmente um mecanismo primário de defesa, comparável a uma tentativa de fuga e precursor da solução normal posterior, por julgamento e condenação do impulso repulsivo. A esse primeiro ato de repressão ligavam-se diversas conseqüências. Em primeiro lugar, o Ego devia proteger-se por meio de um esforço permanente, isto é, de uma *contracarga*, contra a pressão, sempre ameaçadora, do impulso reprimido, sofrendo assim um empobrecimento. Ainda mais, o reprimido, tornado inconsciente, podia alcançar uma descarga e uma satisfação substitutiva por caminhos indiretos, fazendo, portanto, fracassar o propósito da repressão. Na histeria de conversão o citado caminho indireto conduzia à inervação somática e o impulso reprimido surgia num lugar qualquer e criava os *sintomas*, que eram, portanto, resultados de uma transação, constituindo a seguir satisfações substitutivas, mas deformadas e desviadas de seus fins pela resistência do Ego.

A teoria da repressão constituiu a base principal da compreensão das neuroses e impôs uma modificação do trabalho terapêutico. Seu fim não era já fazer voltar aos caminhos normais os afetos extraviados por uma rota falsa, mas descobrir as repressões e suprimi-las mediante um julgamento que aceitasse ou condenasse definitivamente o excluído pela repressão. Em acatamento a esse novo estado de coisas, dei ao método de investigação e cura resultante o nome de *Psicanálise*, em substituição ao de *catarse*.

Podemos partir da repressão como ponto central e ligar a ela todas as partes da teoria psicanalítica. Mas antes quero assinalar uma observação de caráter polêmico. Segundo Janet, a histérica era uma pobre criatura, que, em conseqüência de sua debilidade constitucional, não podia manter em coerência seus atos anímicos, sucumbindo assim ante a dissociação psíquica e a diminuição da consciência. Mas, segundo os resultados das investigações psicanalíticas, esses fenômenos eram o resultado de fatores dinâmicos, do conflito psíquico e da repressão efetuada. Na minha opinião, essa diferença é suficientemente ampla para pôr fim à afirmação infundada, mas tantas vezes repetida, de que o único ponto importante da psicanálise é o que ela tomou das teorias de Janet. A exposição que venho realizando até aqui deve ter mostrado claramente ao leitor que a psicanálise é totalmente independente, sob o ponto de vista histórico, dos descobrimentos de Janet, sendo, além disso, seu conteúdo muito diferente e muito mais amplo. Dos trabalhos de Janet não seria possível deduzir jamais as conseqüências que deram à psicanálise tão ampla importância nos domínios da ciência, atraindo para ela o interesse geral. Em todos os meus trabalhos, tenho falado de Janet com o maior respeito, porque seus descobrimentos coincidiram em muitos pontos com os de Breuer, realizados com anterioridade, embora publicados depois. Mas quando a psicanálise começou também a ser discutida na França, Janet conduziu-se com pouca correção, mostrando muito escasso conhecimento da matéria e utilizando argumentos ilegítimos. Finalmente, reduziu todo o valor de sua obra, ao declarar que quando falava de atos psíquicos "inconscientes", fazia-o unicamente para usar "uma maneira de falar".

Em compensação, a psicanálise viu-se obrigada, pelo estudo das representações patogênicas e de outros fenômenos que mencionaremos mais adiante, a conceder uma importância extraordinária ao conceito do inconsciente. Para a psicanálise tudo é, inicialmente, inconsciente, e a qualidade da consciência pode vir acrescentar-se depois ou pode faltar totalmente. Estas afirmações colidiram com as afirmações dos filósofos, para os quais o consciente e o psíquico são a mesma coisa, e achavam, por isso, inconcebível a existência do psíquico inconsciente. A psicanálise teve de seguir, portanto, adiante, sem atender a essa idiossincrasia dos filósofos, baseando-se em observações realizadas em material patológico, inteiramente ignoradas por seus contraditores, e nas referentes à freqüência e poderio de impulsos dos quais nada sabe o próprio sujeito, que se vê obrigado a deduzi-los do mundo exterior, como outro fato qualquer. Podia-se alegar, também, que o que se estava fazendo não era mais do que aplicar à própria vida anímica a forma em que nos representamos a de outras pessoas. A estas atribuímos atos psíquicos dos quais não possuimos uma consciência imediata, tendo de os deduzir das manifestações do indivíduo em apreço. Pois bem, aquilo que julgamos acertado quando se trata de outras pessoas, deverá sê-lo também para nós mesmos. Continuando o desenvolvimento desse argumento e deduzindo dele que os próprios atos ocultos pertencem a uma segunda consciência, chegaremos à concepção de uma consciência da qual nada sabemos, isto é, de uma consciência inconsciente, conclusão ainda mais dificilmente admissível que

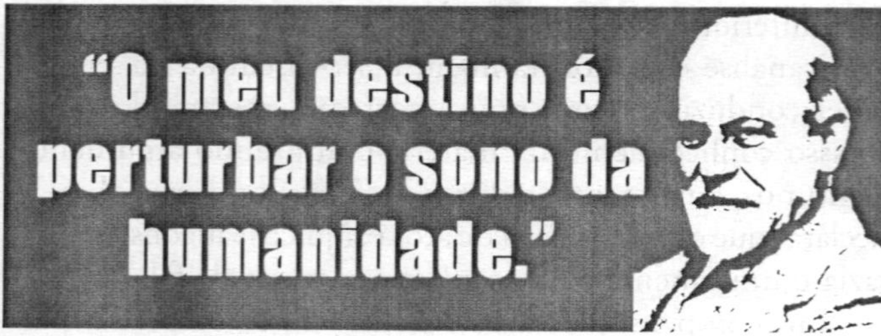

a hipótese da existência do psíquico inconsciente. Se, em compensação, dissermos, com outros filósofos, que reconhecemos os fenômenos patológicos, mas que os atos em que os citados fenômenos se baseiam não podem ser qualificados de psíquicos, mas de psicóides, não faremos mais do que iniciar uma discussão verbal, inteiramente infrutífera, cuja melhor solução será sempre a conservação da expressão "psiquismo inconsciente". Surge então o problema de saber que pode ser esse psiquismo inconsciente, problema esse que não oferece vantagem alguma em relação ao que surgiu anteriormente sobre a natureza do consciente.

Seria mais difícil expor sinteticamente como a psicanálise chegou a articular o psiquismo inconsciente, cuja existência reconhece, decompondo-o num psiquismo pré-consciente e um psiquismo propriamente inconsciente. Acreditamos que bastará considerar como legítimo o ato de completar as teorias que constituem a expressão direta da experiência empírica, com hipóteses adequadas ao domínio da matéria e relacionadas com a circunstância de que não podem ser objeto da observação imediata. Não se costuma proceder de outro modo em disciplinas científicas mais antigas que a nossa. A articulação do inconsciente acha-se ligada à tentativa de representar o aparelho anímico como composto de uma série de instâncias ou sistemas, de cujas relações recíprocas falamos de uma maneira especial, inteiramente independente da anatomia real do cérebro. Esse é o ponto de vista que qualificamos de *tópico*. Essas e outras idéias análogas pertencem a uma superestrutura especulativa da psicanálise, cada um de cujos fragmentos pode ser sacrificado ou trocado por outro, sem conceito nem sentimento algum, desde que se torne insuficiente.

Já indiquei que a investigação das causas e dos fundamentos da neurose levou-nos, com freqüência cada vez maior, ao descobrimento de conflitos entre os impulsos sexuais e as resistências contra a sexualidade. Na procura de situações patogênicas em que se tinham criado as repressões da sexualidade e das quais surgiam os sintomas surgidos como produtos substitutivos do suprimido, chegamos até os anos mais recuados da vida infantil do paciente. Verificou-se então algo que os poetas e os psicólogos afirmaram sempre, isto é, que as impressões desse recuado período da vida, apesar de sucumbirem em sua maior parte à amnésia, deixam traços perduráveis no desenvolvimento do indivíduo, determinando sobretudo a predisposição para enfermidades neuróticas. Mas, dado que nessas impressões infantis tratava-se sempre de excitações sexuais e da reação contra elas, encontramo-nos ante o fato da *sexualidade infantil*, que significava outra novidade contrária aos mais enérgicos preconceitos do homem. Aceita-se, geral e efetivamente, que a infância é "inocente" e se acha livre de qualquer impulso sexual, e que o combate contra o demônio da "sensualidade" só começa com a agitada época da puberdade. Os casos de atividade sexual observados em sujeitos infantis eram considerados como sinais de degenerescência ou corrupção prematura, ou como curiosos caprichos da natureza. São muito poucas as descobertas da psicanálise que esbarraram com uma repulsa tão geral e provocaram tanta indignação como a afirmação de que a função sexual tem início com a própria vida e já se manifesta na infância através de fenômenos importantíssimos. E, entretanto, nenhum outro descobrimento psicanalítico pode ser demonstrado de maneira tão fácil e completa como esse.

Antes de continuar no estudo da sexualidade infantil, quero lembrar um erro que me dominou durante algum tempo e que poderia ter-me sido fatal. Sob a pressão do processo técnico que usava naquela época, a maioria de meus pacientes recordava cenas de sua infância, cujo conteúdo era sua corrupção sexual por um adulto. Nas mulheres esse papel de corruptor aparecia quase sempre atribuído ao pai. Dando fé a essas comunicações de meus pacientes, supus ter achado nesses acontecimentos de corrupção sexual durante a infância as fontes das neuroses posteriores. Alguns casos em que as citadas relações com o pai, o tio ou um irmão maior tinham continuado até uma idade cuja lembrança a paciente conservava clara e seguramente, robusteceram minha convicção. Não estranharei que algum leitor sorria irônicamente antes essas afirmações, tachando-me de excessivamente crédulo, mas devo afirmar que isso ocorria numa época em que impunha intencionalmente a meu raciocínio uma coerção estreita, para obrigá-lo a permanecer imparcial ante as surpreendentes novidades que o nascente método psicanalítico me vinha descerrando. Quando me vi forçado a reconhecer mais tarde que as citadas cenas de corrupção nunca tinham sucedido na realidade, sendo somente fantasias imaginadas por minhas pacientes, às quais talvez eu mesmo as tivesse sugerido, fiquei perplexo durante algum tempo. Minha fé na minha técnica e em seus resultados sofreu um duro golpe. Chegara, efetivamente, ao conhecimento das citadas cenas por um caminho técnico que me parecia correto e seu conteúdo achava-se evidentemente relacionado com os sintomas de onde tinha partido minha investigação. Mas, quando consegui me repor da primeira impressão, deduzi imediatamente da minha experiência as conclusões acertadas, isto é, que os sintomas neuróticos não se achavam diretamente ligados a acontecimentos reais, mas a fantasias optativas, e que para a neurose era mais importante a realidade psíquica que a material. Não creio tampouco ter podido "sugerir" a meus pacientes tais fantasias de corrupção. Esse foi meu primeiro contato com o complexo de Édipo, que mais tarde iria adquirir tão extraordinária importância para a psicanálise, mas então não cheguei a vislumbrá-lo sob o seu fantástico disfarce. De qualquer modo, a corrupção efetuada na infância conservou um lugar, embora mais modesto, na etiologia das neuroses. Nesses casos reais os corruptores tinham sido quase sempre meninos de mais idade.

A função sexual existia, portanto, desde o início, apoiava-se primeiramente nas outras funções importantes para a conservação da vida, e se tornava depois independente, passando por um longo e complicado desenvolvimento, até chegar a constituir o que conhecemos sob o nome de vida sexual normal do adulto. Manifestava-se primeiro como atividade de toda uma série de *componentes instintivos*, dependentes de zonas somáticas *erógenas*, componentes que apareciam em parte formando pares antitéticos (sadismo-masoquismo, instinto de contemplação-exibicionismo), partiam independentemente uns dos outros para a conquista do prazer e encontravam, geralmente, seu objeto no próprio corpo. Desse modo, inicialmente, a função sexual não estava localizada e era predominantemente *auto-erótica*. Mais tarde, efetuavam-se nela diversas sínteses. Um primeiro grau de organização aparecia sob o predomínio dos componentes orais; depois vinha uma fase sádico-anal, e somente na terceira fase, atingida mais tarde, surgia a primazia dos genitais, com a qual entrava a função sexual a serviço da reprodução. Durante esse desenvolvimento eram postos de lado ou dedicados a outras utilidades determinados fatores instintivos que demonstravam ser inúteis para esse fim último, e outros eram desviados de seus fins e transferidos para a organização genital. A energia dos instintos sexuais, e somente essa energia, recebeu o nome de *libido*, e tive de supor que nem sempre essa libido realizava normalmente a evolução descrita.

Em conseqüência da intensidade superior de alguns componentes ou de satisfações prematuras produzem-se, efetivamente, fixações da libido a determinados lugares do desenvolvimento. Para esses lugares retorna depois a libido quando é efetuada uma repressão ulterior (regressão). Observações posteriores demonstraram que o lugar da fixação é também decisivo para a "escolha da neurose", isto é, para a forma que a enfermidade adota.

Paralelamente à organização da libido desenvolve-se o processo do achado de objeto, processo ao qual cabe uma importantíssima missão na vida anímica. O primeiro objeto erótico, posterior ao estádio do auto-erotismo, é, para ambos os sexos, a mãe, cujo órgão alimentício não foi inicialmente distinguido do próprio corpo. Mais tarde, mas ainda nos primeiros anos infantis, estabelece-se a relação do *complexo de Édipo*, na qual o menino concentra sobre a pessoa da mãe seus desejos sexuais e cria impulsos hostis contra o pai, considerado como um rival. Essa é também *mutatis mutandis*, a atitude da menina. Todas as variações e conseqüências do complexo de Édipo são importantíssimas. A constituição bissexual inata intervém também e multiplica o número das tendências dadas simultâneamente. Transcorre bastante tempo até que o menino percebe claramente a diferença dos sexos e, durante essa época de investigação sexual, cria, para seu uso particular, teorias sexuais típicas que, dependendo da organização somática infantil imperfeita, misturam o verdadeiro com o falso, sem conseguir solucionar os problemas da vida sexual (o enigma da Esfinge, isto é, o da procedência das crianças). A primeira eleição de objeto infantil é, portanto, incestuosa. Toda a evolução aqui descrita efetua-se rapidamente. O caráter mais singular da vida sexual humana é sua divisão em duas fases, com uma pausa intermediária. Atinge seu primeiro ponto culminante no quarto ou quinto ano da vida, passados os quais desaparece essa precoce floração da sexualidade, e as tendências, até então muito intensas, sucumbem ante a repressão, surgindo o *período de latência*, que se prolonga até a puberdade e em cujo transcurso ficam edificadas as formações da moral, do pudor e da repugnância. Essa divisão do desenvolvimento sexual parece ser privativa do homem e constitui, talvez, a condição biológica de sua disposição para a neurose. Com a puberdade ficam reanimadas as tendências e as cargas de objeto das épocas precoces, inclusive os liames sentimentais do complexo de Édipo. Na vida sexual da puberdade lutam entre si os impulsos da primeira fase e as inibições do período de latência. Quando o desenvolvimento sexual infantil se achava ainda em seu ponto culminante, formou-se uma espécie de organização genital, mas nela só desempenhava um papel o genital masculino, permanecendo ignorado o feminino. Isso é o que conhecemos sob o nome de "*primazia fálica*". A antítese dos sexos não equivalia então à de *masculino* e *feminino*, mas à do possuidor de um pênis e do castrado. O complexo da castração, ligado com essa circunstância, é importantíssimo para a formação do caráter e da neurose.

Nesta exposição abreviada de meus descobrimentos sobre a vida sexual humana, reuni, para sua melhor compreensão, muitas coisas que pertencem a diversas épocas da investigação psicanalítica e que foram sendo integradas como um complemento ou uma justificação das afirmações contidas em minha obra *Uma teoria sexual*, nas sucessivas edições deste livro. Não creio difícil deduzir delas a natureza da tão discutida ampliação do conceito da sexualidade, efetuada pela psicanálise. Essa ampliação é de dois gêneros. Em primeiro lugar, desligamos a sexualidade de suas relações, demasiado estreitas, com os genitais, descrevendo-a como uma função somática mais compreensiva, que tende, antes de tudo, para o prazer, e só secundariamente entra a serviço da reprodução. Mas, por outro lado, incluímos entre os impulsos sexuais todos os

Freud, aos dezesseis anos, ao lado de sua mãe, Amália.

simplesmente carinhosos ou amistosos, para os quais empregamos na linguagem corrente a palavra "amor", que tantos e tão diversos sentidos contém. Na minha opinião, essa inovação não constitui nenhuma inovação, mas uma reconstituição limitada à supressão de restrições inadequadas do conceito da sexualidade, paulatinamente estabelecidas. O fato de desligarmos a sexualidade dos órgãos genitais apresenta a vantagem de nos permitir considerar a atividade sexual das crianças e dos pervertidos do mesmo ponto de vista que a dos adultos normais. Destas atividades sexuais — a infantil e a pervertida — a primeira era completamente desatendida e a segunda condenada com grande indignação moral, mas sem compreensão alguma. Para a concepção psicanalítica, até as mais estranhas e repugnantes perversões constituem manifestações de instintos sexuais parciais que foram subtraídos à primazia do órgão genital e aspiram ao prazer independentemente, como nas épocas primitivas do desenvolvimento da libido. A mais importante dessas perversões, isto é, a homossexualidade, quase não merece esse nome. Depende da bissexualidade constitucional e da repercussão da primazia fálica. Por outro lado, a psicanálise demonstra-nos que todo indivíduo contém em si algo de uma eleição de objeto homossexual. Se qualificamos as crianças de "polimorficamente pervertidas", isso constitui somente uma descrição efetuada em termos geralmente usados, mas não uma avaliação moral. Essas avaliações encontram-se muito longe da psicanálise.

A segunda das ampliações indicadas do conceito da sexualidade fica justificada por aquela investigação psicanalítica que nos demonstra que todos os sentimentos carinhosos foram originariamente tendências inteiramente sexuais, restringidas depois em sua finalidade ou sublimadas. Nessa possibilidade de influir sobre os instintos sexuais, repousa também a de utilizá-los para funções culturais muito diversas, para as quais contribuem com um auxílio importantíssimo.

Os surpreendentes descobrimentos relativos à sexualidade das crianças deveram sua origem, inicialmente, à análise dos adultos, mas puderam ser depois confirmados em todos os seus detalhes por observações diretas de pacientes infantis. É realmente tão fácil nos convencermos das atividades sexuais regulares nas crianças, que nos vemos obrigados a nos perguntar com assombro como foi possível que os homens não tivessem percebido antes fatos tão evidentes e continuem defendendo a lenda da assexualidade infantil. Esse fato deve depender, indubitavelmente, da amnésia que a maioria dos adultos padece no que se refere à sua própria infância.

IV

As teorias da resistência e da repressão do inconsciente, do significado etiológico da vida sexual e da importância dos acontecimentos infantis, são os elementos principais do edifício teórico psicanalítico. Lamento ter sido obrigado a descrevê-los aqui separadamente, sem entrar em sua composição e relação, mas já é tempo de dedicarmos nossa atenção às modificações que irão sendo introduzidas pouco a pouco na técnica do processo analítico.

A dominação da resistência pela pressão exercida sobre o enfermo foi o primeiro método indispensável para fornecer ao médico uma orientação na matéria, mas a continuação tornava-se demasiado penosa, tanto para o médito como para o paciente, e não parecia desprovida de certos defeitos graves. Tivemos de substituir, portanto, por outro método, contrário em determinado sentido. Em vez de levar o paciente a se manifestar em relação a um tema determinado, convidamo-lo agora a se abandonar à associação livre, isto é, a manifestar tudo o que acode a seu pensamento, abstendo-se de qualquer representação final consciente. Mas, por sua vez, o paciente deve comprometer-se a comunicar realmente tudo o que lhe ofereça sua autopercepção, sem ceder às objeções críticas que tendem a repelir algumas de suas ocorrências, por carecerem de importância, de conexão com o tema tratado ou de qualquer sentido. Essa absoluta sinceridade do paciente é condição indispensável da cura analítica. Pode parecer estranho que esse processo da associação livre, com a observância da regra *fundamental psicanalítica*, desse o resultado que dele se esperava, levando à consciência os elementos reprimidos, mantidos longe dela pelas resistências. Mas devemos tomar em consideração que a associação livre não inclui realmente uma liberdade completa. O paciente permanece sob a influência da situação analítica, mesmo quando não dirige sua atividade mental para um tema determinado. Temos o direito de supor que não lhe acudirá nada que não esteja relacionado com a citada situação. Sua resistência contra a reprodução do reprimido manifestar-se-á agora em duas formas distintas. Em primeiro lugar, pelas objeções críticas a que responde a regra psicanalítica fundamental; mas se o enfermo consegue dominar essas objeções seguindo a prescrição citada, a resistência adotará outra forma, conseguindo que as ocorrências do paciente não contenham jamais o reprimido, mas somente algo como uma alusão a ele, e quanto maior for a resistência, mais se afastará a ocorrência substitutiva comunicada dos elementos reprimidos procurados. O analista, que escolta o enfermo, recolhidamente, mas sem se esforçar, pode então utilizar em duas formas diferentes o material que este lhe fornece. Pode efetivamente conseguir, dada uma resistência não muito intensa, adivinhar pelas ocorrências do enfermo os elementos reprimidos, e pode também, quando se trata de uma resistência mais enérgica, deduzir das ocorrências que parecem se afastar do tema, a natureza dessa mesma resistência, natureza que descobrirá então ao paciente. Esse descobrimento da resistência é o primeiro passo para sua subjugação. Temos, portanto, dentro do quadro do trabalho analítico, uma arte de interpretação, cujo emprego acertado requer tato e prática, mas que não é difícil de adquirir. O método da associação livre apresenta grandes vantagens em relação ao anterior, além de se tornar menos penoso. Impõe efetivamente ao analisado uma violência mínima, nunca perde o contato com a realidade presente e oferece amplas garantias de que em nenhum momento o médico pode perder de vista a estrutura da neurose ou integrar nela algo que não lhe pertença. Nele é quase completamente abandonada ao paciente a função de determinar a marcha da análise e a ordenação da matéria, razão pela qual se torna impossível a elaboração sistemática e isolada dos diversos sintomas e complexos. Em oposição ao que acontece nos métodos hipnóticos ou sugestivos, o médico verifica coisas intimamente ligadas entre si em diversos momentos e lugares do tratamento. Para um espectador — inadmissível nas sessões de tratamento — a cura analítica apresentaria um aspecto inteiramente incompreensível.

Outra das vantagens do método é que realmente nunca pode falhar. Teoricamente será sempre possível ao enfermo reproduzir uma ocorrência desde que não se fixa nem se limita em absoluto a sua natureza. Entretanto, essa falta de ocorrências apresenta-se sempre num caso determinado, mas justamente por se tratar de um caso isolado, torna-se também facilmente interpretável.

Chegamos agora à descrição de um fator que acrescenta ao quadro da psicanálise um traço essencial, e integra, tanto técnica como teoricamente, a maior importância. Em todo tratamento analítico, estabelece-se, sem qualquer intervenção do médico, uma intensa relação sentimental do paciente com a pessoa do analista, inexplicável por qualquer circunstância real. Essa relação pode ser positiva ou negativa e varia desde o enamoramento mais apaixonado e sensual até a rebelião e o ódio mais extremo. Esse fenomeno, a que abreviadamente damos o nome de "transferência", substitui, rapidamente, no paciente, o desejo de cura, e integra, enquanto se limita a ser carinhoso e comedido, toda a influência médica, constituindo o verdadeiro motor do trabalho analítico. Mais tarde, quando se torna apaixonado ou se transforma em hostilidade, chega a constituir o instrumento principal da resistência, cessando aí completamente o processo da descrição das ocorrências do paciente e o resultado do tratamento começa a perigar. Mas seria insensato querer eludir esse fenômeno. Sem a transferência não há análise possível. Não se deve pensar que a análise cria a transferência e que esta só aparece naquela. Muito pelo contrário: a análise só se limita a revelar a transferência e a isolá-la. Trata-se de um fenômeno geralmente humano, que decide o êxito de toda a influência médica — e domina, em geral, as relações de uma pessoa com as que a rodeiam. Descobre-se facilmente nesse fenômeno o mesmo fator dinâmico a que os hipnotizadores deram o nome de sugestibilidade, fator que inclui o *rapport* hipnótico e cuja falta de garantias constituía o defeito do método catártico. Nos casos em que essa tendência para a transferência sentimental falta ou chegou a ser totalmente negativa, como na demência precoce e na paranóia, desaparece também a possibilidade de exercermos uma influência psíquica sobre o paciente.

É indiscutível que a psicanálise atua também por meio da sugestão, como todos os outros métodos psicoterápicos. Mas se diferencia deles em que não abandona a decisão do resultado terapêutico à sugestão ou à transferência. Pelo contrário, é utilizada para impelir o enfermo a realizar um trabalho psíquico — a subjugação de suas resistências de transferência, trabalho que significa uma modificação duradoura de sua economia anímica. A transferência é tornada consciente ao enfermo pelo analista e fica suprimida quando o convencemos de que em sua conduta de transferência vive de novo relações sentimentais que procedem de suas cargas de objeto mais precoces realizadas no período reprimido de sua infância. Através desse trabalho a transferência passa a constituir o melhor instrumento da cura analítica, depois de ter sido a arma mais importante da resistência. Seu aproveitamento e manejo constitui, de qualquer modo, a parte mais difícil e importante da técnica analítica.

Com o auxílio do processo da associação livre e da arte de interpretação correspondente, conseguiu a psicanálise algo que não parecia muito importante do ponto de vista prático, mas que na realidade a levou a uma situação e uma significação inteiramente novas nos domínios científicos. Tornou-se possível demonstrar que os sonhos possuíam um sentido e adivinhá-lo. Os sonhos foram considerados na antiguidade clássica como profecias, mas a ciência moderna nada queria saber deles, abandonava-os à superstição e os considerava como um ato simplesmente "somático", uma espécie de contração da vida anímica adormecida. Parecia inteiramente impossível que alguém que tivesse efetuado um trabalho científico sério, pudesse surgir depois como "onirocrítico". Mas, desprezando essa condenação dos sonhos, tratando-os como um sintoma neurótico incompreendido ou como uma idéia delirante ou obsessiva, prescindindo de seu conteúdo aparente e tornando objeto da associação livre cada um de seus diversos quadros, chegamos a um resultado totalmente diferente. As numerosas ocorrências do sujeito do sonho levaram-nos efetivamente ao conhecimento de um produto mental, que já não podia ser qualificado de absurdo nem de confuso, produto que equivalia a um rendimento psíquico completo e do qual o sonho manifesto constituía uma simples tradução deformada, abreviada e mal interpretada, composta geralmente de imagens visuais. Essas idéias latentes do sonho continham seu sentido, sendo seu conteúdo manifesto um engano, uma fachada, que podia ser ligada com a associação, mas não com a interpretação.

Criava-se assim toda uma série de problemas, entre os quais os mais importantes se referiam à existência de um motivo da formação dos sonhos, às condições em que essa formação se desenvolvia e aos caminhos que conduziam desde as idéias latentes do sonho, plenas de sentido, ao próprio sonho, com freqüência inteiramente insensato. Em meu trabalho sobre a interpretação dos sonhos, publicado em 1900, tentei resolver todos esses problemas. Aqui só me é possível incluir um brevíssimo extrato dessas investigações. Se examinarmos as idéias latentes reveladas pela análise do sonho, encontraremos uma que sobressai decididamente entre as outras razoáveis e conhecidas pelo sujeito.

Essas outras idéias são resíduos da vida acordada (restos diurnos). Em compensação, na idéia isolada reconhecemos um impulso optativo, às vezes bastante repulsivo, alheio à vida acordada do sonhador, que nega com assombro ou indignação tê-lo agasalhado jamais. Esse impulso é o que provocou o sonho, oferecendo a energia necessária para sua produção e servindo-se do material constituído pelos resíduos diurnos. O sonho assim surgido apresenta uma situação que completa a satisfação do citado impulso, constituindo uma *realização de desejos*. Esse processo não teria sido possível se não houvesse algo favorável na natureza do estado de repouso. A condição psíquica do estado de repouso é a obediência do Ego ao desejo de dormir e a subtração das cargas de todos os interesses vitais. Dada a oclusão simultânea dos acessos à motilidade, pode o Ego diminuir o esforço com que mantém as repressões em todas as outras ocasiões. Essa negligência noturna da repressão é aproveitada pelo impulso inconsciente para chegar à consciência por meio do sonho. A resistência de repressão do Ego não fica, entretanto, suprimida durante o estado de repouso, mas simplesmente diminuída, e uma parte dela fica de pé, como *censura onírica*, e proíbe o impulso optativo inconsciente de se manifestar na forma que lhe é própria. Em conseqüência da severidade da censura onírica, as idéias oníricas latentes são obrigadas a se submeterem a modificações e debilitamentos, que disfarçam inteiramente o sentido proibido do sonho. Fica explicada assim a

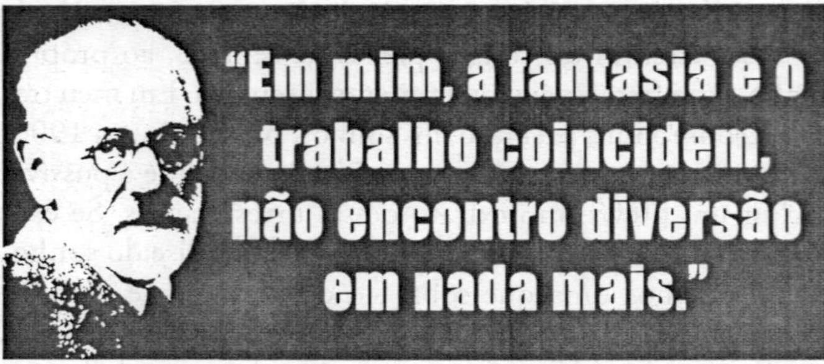

deformação onírica a que o sonho manifesto deve seus mais singulares caracteres. Podemos, portanto, dizer, justificadamente, que *o sonho é a realização (disfarçada) de um desejo (reprimido)* e vemos que fica constituído como um sintoma neurótico, sendo o produto de uma transação entre as aspirações de um impulso instintivo reprimido e a resistência de um poder do Ego, que exerce a censura. Em conseqüência dessa identidade de gênese, torna-se tão incompreensível com o sintoma, e necessita, como ele, de uma interpretação.

Não é difícil achar a função geral do sonho. Serve para anular aqueles estímulos exteriores ou interiores, que fariam acordar o sujeito, protegendo assim o estado de repouso contra as citadas perturbações. O estímulo é repelido por meio de uma transformação de seu sentido e por sua inclusão numa situação inocente qualquer. Em compensação, o estímulo interior da aspiração instintiva é admitido pelo sujeito que dorme, permitindo-lhe chegar à satisfação por meio da formação de um sonho, sempre que as idéias latentes não tentem eludir a censura.

Mas, quando surge esse perigo e o sonho se torna excessivamente claro, o sujeito o interrompe, despertando assustado (sonho de angústia). Essa mesma falha da função onírica surge quando o estímulo exterior se torna tão intenso, que já não pode ser repelido. O processo que transforma, com a colaboração da censura, as idéias latentes no conteúdo manifesto, foi por mim denominado elaboração onírica e consiste numa elaboração especial do material ideológico pré-consciente, pela qual ficam condensados os componentes do citado material, deslocados seus acentos psíquicos, transformado seu conjunto em imagens visuais, isto é, dramatizado, e completado por uma elaboração secundária, que o torna irreconhecível. A elaboração onírica é um excelente exemplo dos processos que se desenvolvem nas camadas inconscientes mais profundas da vida anímica, processos que se diferenciam consideravelmente dos processos intelectuais normais que conhecemos. Essa elaboração apresenta também uma série de traços arcaicos, por exemplo, o emprego de um simbolismo predominantemente sexual, que já encontramos, isento deste caráter, em outros domínios da atividade espiritual.

A conexão do impulso instintivo inconsciente do sonho com um resíduo diurno dá ao sonho por ele provocado um duplo valor para o trabalho analítico. A interpretação mostra efetivamente que, além de constituir a realização de um desejo reprimido, o sonho pode ter continuado a atividade mental pré-consciente diurna e integrar outro conteúdo qualquer, dando expressão a um propósito, a uma advertência, a uma reflexão ou novamente a uma realização de desejos. A análise utiliza-o em ambos os sentidos, tanto para o conhecimento dos processos conscientes do analisado, como de seus processos inconscientes, e aproveita também a circunstância de que o sonho atinge o acesso aos elementos esquecidos da vida infantil, para vencer a amnésia infantil por meio da interpretação onírica. O sonho realiza aqui uma parte da função que antes encomendávamos ao hipnotismo. Em compensação, nunca fiz a afirmação que freqüentemente me é atribuída de que a interpretação onírica demonstrava que todos os sonhos possuem um conteúdo sexual ou se referem a energias sexuais instintivas. É fácil demonstrar que a fome, a sede e outras necessidades criam sonhos de satisfação, do mesmo modo que qualquer impulso reprimido sexual ou egoísta. Os sonhos das crianças pequenas oferecem-nos uma demonstração fácil da exatidão de nossa teoria. Nesses sujeitos infantis em que os sistemas psíquicos não se encontram ainda claramente diferenciados, nem profundamente desenvolvidas as repressões, verificamos com freqüência sonhos que não são mais do que satisfações não disfarçadas de impulsos optativos não satisfeitos durante o dia. Sob a influência de necessidades imperativas esses sonhos de tipo infantil podem surgir também nos adultos. Do mesmo modo que das interpretações oníricas, a análise serve-se do estudo dos freqüentíssimos atos falhos e sintomáticos dos homens, atos aos quais dediquei uma investigação publicada em 1904, sob o título de *Psicopatologia da vida cotidiana*. Essa obra, que foi muito lida, demonstra que os citados fenômenos nada têm de casuais, sendo suscetíveis de uma explicação que ultrapassa o puramente fisiológico, possuindo um sentido perfeitamente interpretável e repousando em impulsos e intenções retidas ou recalcadas. Mas o valor principal da interpretação onírica e desse estudo dos atos falhos e sintomáticos não consiste no apoio que dão ao trabalho analítico, mas em outra de suas qualidades. Até agora a psicanálise tinha se ocupado unicamente da solução de fenômenos patológicos, tendo-se visto obrigada a criar, para o seu esclarecimento, hipóteses cujo alcance se achava fora de relação com a importância da matéria tratada. Mas o sonho, de que se ocupou depois, não era um sintoma patológico, mas um fenômeno da vida anímica normal, próprio de qualquer homem são. Se o sonho se encontra construído como um sintoma e se sua explicação exige as mesmas hipóteses, isto é, as referentes à repressão de impulsos instintivos, à formação de substituições e transações e à diferenciação dos sistemas psíquicos, para a localização do consciente e do inconsciente, resulta daí que a psicanálise não é já uma ciência auxiliar da psicopatologia, mas o início de uma psicologia nova e mais fundamental, indispensável também para a compreensão do normal. Podemos, portanto, transferir suas hipóteses e seus resultados a outros domínios do psíquico, ficando abertos assim os caminhos que conduzem ao interesse geral.

V

Interrompendo a exposição do crescimento interno da psicanálise, voltaremos a olhar para seus destinos exteriores. Aquilo que até aqui comuniquei é, em grandes traços, o resultado de meu trabalho, mas inclui também em minha exposição descobrimentos posteriores e não separei as contribuições de meus discípulos e adeptos das minhas próprias.

Durante mais de dez anos, contados a partir da minha separação de Breuer, não tive um único partidário, ficando inteiramente só. Em Viena evitavam-me e o exterior não possuía a menor notícia a meu respeito. Minha *Interpretação dos sonhos*, publicada em 1900, mal foi mencionada nas revistas técnicas. Em meu ensaio sobre a *História do movimento psicanalítico* inclui como exemplo da atitude dos círculos psiquiátricos de Viena uma palestra que tive com um médico, autor de um livro contra minhas teorias, que me confessou não ter lido minha *Interpretação dos sonhos*. Tinham-lhe dito na clínica que não valia a pena. Esse indivíduo, que chegou depois ao posto de Professor extraordinário, permitiu-se negar o conteúdo daquela palestra, e em geral, a fidelidade de minha recordação a respeito. Por minha parte, quero sustentar aqui, mais uma vez, a exatidão de sua reprodução.

Minha suscetibilidade ante a crítica foi diminuindo à medida que ia compreendendo as razões íntimas de sua atitude. Pouco a pouco foi terminando também meu isolamento. Em Viena, foi se reunindo a meu redor um pequeno círculo de discípulos, e depois, em 1906, soube-se que o psiquiatra de Zurique, E. Bleuler, seu assistente C. G. Jung e outros médicos se interessavam extraordinariamente pela psicanálise. Iniciadas as relações pessoais, os amigos da nascente disciplina celebraram em 1908 uma reunião em Salzburgo e combinaram a repetição regular desses Congressos privados e a publicação de uma revista, que sob o título de *"Jahrbuch fuer psychopathologische und psychoanalytische Forschungen"* seria dirigida por Jung. Os editores seriam Bleuler e eu. Essa revista morreu ao começar a guerra européia. Ao mesmo tempo que na Suíça, começou a surgir também na Alemanha o interesse pela psicanálise, que foi objeto de numerosas exegeses literárias e de vivas discussões nos Congressos científicos, mas nunca foi acolhida benevolamente. Após um breve exame da psicanálise, a ciência alemã manifestou-se unanimemente contrária a ela.

Não posso naturalmente saber hoje qual será o juízo definitivo da posteridade sobre o valor da psicanálise para a psiquiatria, a psicologia e as ciências da mente, mas creio que quando a fase pela qual atravessamos encontre seu historiador, este deverá confessar que a conduta dos críticos anteriores não foi muito honrosa para a ciência alemã. Não me refiro com isso ao fato em si da repulsa nem à ligeireza com que se adotou essa decisão, porque ambas as coisas são facilmente compreensíveis e não podem lançar nenhuma sombra sobre o caráter do adversário; mas, para o excesso de orgulho, o desprezo absoluto da lógica, a grosseria e o mau gosto, demonstrados nos ataques, não há qualquer desculpa. Assim, quando anos depois e durante a guerra européia foi a Alemanha acusada de barbaria por seus inimigos, foi para mim muito doloroso não encontrar em minha própria experiência razões que me impelissem a contradizer essa acusação.

Um de meus adversários vangloriava-se de fazer calar seus pacientes quando estes começavam a lhe falar de coisas sexuais, e deduzia dessa técnica um direito para julgar a importância etiológica da sexualidade nas neuroses. Deixando de lado as resistências afetivas, que a teoria psicanalítica nos explica perfeitamente, pareceu-me ter encontrado o obstáculo principal à compreensão da nova disciplina no fato de que seus adversários se negavam a ver nela outra coisa além de um produto da minha fantasia especulativa, sem reparar no paciente e contínuo trabalho, sem qualquer antecedente, de que era o resultado. Visto como em suas opiniões a análise não possuía contato algum com a observação nem com a experiência, consideraram-se com o direito de repeli-la, sem uma experiência própria contrária. Outros, que não possuíam uma convicção tão firme, repetiram a clássica manobra de não olhar no microscópio, para não ver o que tinham posto em dúvida ou negado. É singular como se conduz incorretamente a maioria dos homens quando deve julgar algo novo e original. Ainda hoje leio em alguns críticos "benévolos" que a psicanálise tem razão até determinado ponto, mas que a partir dele começa já a exagerar ou a generalizar injustificadamente. Nada é mais difícil, entretanto, que estabelecer essa delimitação, sobretudo quando o que a estabelece não possuía, semanas antes, qualquer conhecimento sobre a matéria.

O anátema oficial contra a psicanálise teve a conseqüência de tornar mais íntima e compacta a união dos analistas. No segundo Congresso, realizado em Nuremberg (1910), constituiu-se, por proposta de S. Ferenzci, a "Associação psicanalítica internacional", dividida em grupos locais, sob a direção de um presidente. Essa associação sobreviveu à guerra, existe, ainda, hoje em dia, e abrange os seguintes grupos: Viena, Berlim, Budapeste, Zurique, Londres, Holanda, Nova York, Panamérica, Moscou e Calcutá. O primeiro presidente foi, por minha proposta, C. G. Jung, eleição muito contraproducente, como se verificou depois. A psicanálise fundou então uma segunda revista, a *Zentralblatt fuer Psychoanalyse*, redigida por Adler e Stekel, e pouco depois uma terceira, *Imago*, dirigida pelos analistas não-médicos H. Sachs e O. Rank, e dedicada à aplicação da análise às ciências espirituais. Pouco depois publicou Bleuler seu trabalho em defesa da psicanálise (*A psicanálise de Freud*, 1910). Por muito agradável que me fosse ver entrar finalmente na luta a eqüidade e a lógica honesta, o trabalho de Bleuler não chegou a me satisfazer integralmente. Aspirava, com efeito, de maneira excessiva, a uma aparência de imparcialidade, lembrando-me que não debalde devia a psicanálise a esse autor a introdução do valioso conceito da ambivalência. Em trabalhos posteriores observou Bleuler uma conduta tão contrária às teorias analíticas e pôs em dúvida ou repeliu princípios tão importantes, que cheguei a me perguntar, com assombro, em que podia consistir sua adesão a nossas opiniões. Entretanto, posteriormente, fez manifestações muito favoráveis à "psicologia das profundidades" e baseou nela sua exposição das esquizofrenias. Bleuler permaneceu pouco tempo na "Associação psicanalítica internacional", que abandonou em conseqüência de diferenças de critério com Jung.

A oposição oficial não pôde evitar a difusão da psicanálise na Alemanha e outros países. Em outro lugar (*História do movimento psicanalítico*), descrevi as etapas de seus progressos e citei seus principais representantes. Em 1909 fomos convidados, Jung e eu, por G. Stanley Hall, para realizar várias conferências em alemão na Clark University dos Estados Unidos, da qual ele era presidente, durante as festas com que a citada universidade celebrava o vigésimo aniversário de sua fundação. Hall era um psicólogo e pedagogo, justamente muito reputado, e tinha incluído, havia já vários anos, a psicanálise em seu ensino, porque costumava introduzir novidades e elevar na tribuna novas autoridades, sem prejuízo de derrubá-las depois. Nos Estados Unidos encontramos também James J. Putnan, neurólogo de Harvard, que, apesar de sua avançada idade, nutria um caloroso entusiasmo pela psicanálise, defendendo com todo o peso de sua personalidade, geralmente respeitada, o valor cultural da nova disciplina e a pureza de suas intenções. Nesse excelente homem que, como reação a uma disposição à neurose obsessiva, tinha adotado uma orientação predominantemente ética, só nos contrariava seu desejo de incluir a psicanálise num determinado sistema filosófico e pô-la a serviço de aspirações morais. Meu encontro com o filósofo William James deixou-me também uma impressão duradoura. Passeando certo dia com ele, deteve-se de repente, entregou-me uma pasta que levava na mão e me pediu que me adiantasse, prometendo alcançar-me apenas dominasse o ataque de angina de peito que sentia próximo. Um ano depois morria de um desses ataques, e desde então, desejei para mim um valor análogo ante a morte.

Naquela época tinha eu cinqüenta e três anos, sentia-me moço e são, e minha curta estada no Novo Mundo tonificou-me consideravelmente, aumentando minha autoconfiança. Na Europa, parecia-me sentir-me sob os efeitos de um anátema e, em compensação, na América via-me acolhido como um igual, por aqueles a que eu mais considerava e respeitava. Quando subi à cátedra da Universidade de Worcester, para pronunciar minhas conferências sobre a psicanálise, acreditei assistir à realização de inverossímel fantasia optativa. A psicanálise já não era mais, portanto, um elemento de razão, mas uma valiosa realidade.

Depois da minha visita não diminuiu na América o interesse que a psicanálise tinha já despertado. Tornou-se popular entre os profanos e é reconhecida por muitos psiquiatras oficiais como um elemento importante do ensino médico. Infelizmente, sofreu também algumas atenuações injustificadas, e algo que nada tem a ver com ela cobre-se às vezes com seu nome. É verdade que os médicos norte-americanos carecem em seu país de meios de se ilustrarem no que se refere à técnica e à teoria psicanalítica. Finalmente, tropeça-se com o "behaviourismo" norte-americano, que se vangloria ingenuamente de ter suprimido por completo o problema psicológico.

Na Europa, houve, de 1911 a 1913, dois movimentos de separação da psicanálise, iniciados por pessoas que até então tinham desempenhado um papel considerável na jovem ciência. Refiro-me a Alfred Adler e a C. G. Jung. Ambas as defecções foram altamente perigosas e agruparam em redor de seus iniciadores núcleos importantes; não deviam, porém, sua forca a seu conteúdo próprio, mas ao desejo de se emanciparem de certos resultados da psicanálise, embora aceitando seu material de fatos, em que se baseavam. Jung tentou uma tradução dos fatos analíticos para o abstrato impessoal, tradução pela qual pensava poupar-se o reconhecimento da sexualidade infantil e do complexo de Édipo, e a necessidade da análise da infância. Adler pareceu afastar-se ainda mais da psicanálise, negando absolutamente a importância da sexualidade, ligando a formação do caráter e das neuroses à aspiração de poderio dos homens e a sua necessidade de compensar sua inferioridade constitucional, assim anulando todas as novas aquisições psicológicas da psicanálise. Mas tudo o que então desprezou, veio forçar depois a entrada de seu cerrado sistema, mudando unicamente de nome. A crítica foi muito benigna para ambos os heréticos, e eu, por minha parte, só pude conseguir que tanto Adler como Jung renunciassem a dar a suas teorias o nome de psicanálise. Atualmente, transcorridos dez anos, pode-se verificar que nenhuma dessas duas tentativas causou nenhum prejuízo à psicanálise.

Quando uma comunidade se encontra alicerçada numa coincidência sobre determinados pontos cardeais, é natural que saiam dela aqueles que abandonaram o terreno comum. Entretanto, atribuiu-se freqüentemente a defecção desses meus antigos discípulos à minha intolerância, ou viu-se nela a expressão de uma fatalidade especial que pesava sobre mim. Contra isso indicarei somente que em face daqueles que me abandonaram, como Jung, Adler, Stekel e outros, ergue-se um grande número de pessoas, tais como Abraham, Eitingon, Ferenczi, Rank, Joanes, Brill, Sachs, Pfister, von Emden, Reik

Freud e Martha Bernays, em 1885, um ano antes do seu casamento.

e outros, que são meus adeptos desde há mais de quinze anos, durante os quais colaboraram fielmente comigo e com os quais venho mantendo uma ininterrupta amizade. Cito aqui unicamente os discípulos mais antigos, que criaram já um nome na literatura da psicanálise, e a omissão de outros mais modernos não significa de modo algum uma estima menor, porque entre eles há inteligências em que se podem fundar grandes esperanças. Um homem intolerante e absorvente não teria podido conservar em seu redor tão numerosa legião de pessoas de alta intelectualidade, sobretudo não possuindo, como eu não possuo, qualquer meio prático de atração.

A guerra européia, que destruiu tantas outras organizações, nada pôde contra nossa associação. A primeira reunião que realizamos depois da guerra, efetuou-se em terreno neutro (Haia, 1920), ficando todos nós reconhecidíssimos à acolhida que a hospitalidade holandesa dispensou aos homens de ciência da Europa Central, empobrecidos e depauperados pela catástrofe mundial. Foi essa, que eu saiba, a primeira vez que, depois da guerra, se sentaram à mesma mesa, unidos por interesses científicos, alemães e ingleses. A guerra tinha intensificado na Alemanha e nas nações orientais o interesse pela psicanálise. A observação das neuroses de guerra tinha aberto finalmente os olhos aos médicos para a importância da psicogênese nas perturbações neuróticas, e algumas de nossas concepções psicológicas tornaram-se rapidamente populares. Ao Congresso anterior, realizado em Budapeste, em 1918, os governos da Europa Central tinham enviados representantes oficiais, que prometeram o estabelecimento de clínicas psicanalíticas para o tratamento dos neuróticos de guerra, projeto que não chegou a se realizar. Também os planos de um de nossos melhores membros, o dr. Anton von Freund, que pretendia criar em Budapeste uma clínica central para o ensino e terapia psicanalíticas, naufragaram em meio aos transtornos políticos e depois pela morte de nosso insubstituível amigo. Parte desses planos foram realizados mais tarde por Max Eitingon, que criou, em 1920, a policlínica psicanalítica de Berlim. Durante o curto predomínio bolchevista na Hungria, foi possível a Ferenzci desenvolver uma frutífera atividade pedagógica, como representante oficial da psicanálise na Universidade. Ao terminar a guerra, tiveram nossos adversários a audácia de anunciar que a experiência tinha apresentado um argumento definitivo contra a exatidão das afirmações analíticas. As neuroses de guerra teriam fornecido, segundo eles, uma prova da superfluidade dos fatores sexuais na etiologia das afecções neuróticas; mas isso foi um triunfo momentâneo, porque, por um lado, ninguém tinha conseguido efetuar integralmente a análise fundamental de um caso de neurose de guerra e, portanto, nada se sabia de certo sobre sua motivação, nem se podia deduzir conclusão alguma de tal ignorância, e por outro, a psicanálise tinha estabelecido, fazia já algum tempo, o conceito do *narcisismo* e das neuroses narcisistas, cujo conteúdo era a aderência da libido ao próprio Ego, em vez de aderir a um objeto. Dessa forma, recriminava-se em geral a psicanálise por ter ampliado indevidamente o conceito da sexualidade, mas quando na polêmica se tornava cômodo, essa mesma recriminação era esquecida e se agia como se a psicanálise nunca tivesse feito essa aplicação.

A história da psicanálise divide-se, para mim, em dois períodos, prescindindo de sua pré-história catártica . No primeiro período, encontrava-me inteiramente isolado, e devia realizar sozinho todo o trabalho. Esse período durou de 1895 a 1907. No segundo, que se estende desta última data até a atualidade, foram crescendo em importância as contribuições de meus discípulos e colaboradores, de maneira que hoje, advertido de meu próximo fim por uma grave enfermidade, posso pensar serenamente no término de minha própria atividade. Mas, precisamente por esse motivo, não me é possível tratar neste trabalho dos progressos da psicanálise no segundo período com a mesma minúcia com que tratei de sua paulatina edificação no primeiro, preenchido exclusivamente com minha própria atividade. Só me sinto com direito a mencionar aqui aqueles novos descobrimentos em que me coube uma participação ampla, isto é, os referentes à teoria dos instintos e à aplicação de nossa disciplina às psicoses.

Devo acrescentar que nossa crescente experiência nos demonstrou, cada vez com maior evidência, que o complexo de Édipo constitui o nódulo da neurose, sendo o ponto culminante da vida sexual infantil e o foco de onde partem todos os desenvolvimentos ulteriores. Essa circunstância destruiu a esperança de encontrarmos pela análise um fator específico da neurose, e fomos obrigados a reconhecer que as neuroses não possuem nenhum conteúdo especial que lhes seja exclusivamente peculiar, e que os neuróticos sucumbem sob o peso de circunstâncias que os normais conseguem dominar facilmente. Essa descoberta não constituiu para nós uma surpresa, porque se harmonizava perfeitamente com a realizada anteriormente, de que a "psicologia das profundidades", fruto da psicanálise, não era mais do que a psicologia da vida anímica normal. Tinha-nos acontecido o mesmo que aos químicos, quando verificaram que as grandes diferenças qualitativas dos produtos se reduziam a modificações quantitativas nas proporções da combinação dos mesmos elementos.

No complexo de Édipo, a libido apareceu ligada à representação dos genitores do sujeito, mas esse passou antes por uma época em que carecia inteiramente de objeto. Dessa circunstância deduzimos a existência de um estado em que a libido preenche o próprio Ego, tendo-o tomado como objeto. Esse estado podia denominar-se "narcisismo", e não era difícil adivinhar que na realidade subsiste sempre, e que o Ego permanece sendo, através de toda a existência, o grande depósito de libido, do qual emanam as cargas de objeto e ao qual pode retornar a libido desde os citados objetos. Dessa forma, a libido narcisista se transforma continuamente em libido objetiva e vice-versa. O enamoramento sexual ou sublimado, que chega até ao sacrifício do sujeito, oferece-nos um excelente exemplo da magnitude que essa transformação pode atingir. Até esse momento só tínhamos atendido, no processo da repressão, ao reprimido, mas, a partir dele, já nos foi possível chegar ao conhecimento dos elementos repressores. Já sabíamos que a repressão era efetuada pelos instintos de conservação que atuavam no Ego (instintos do Ego), e recaia sobre os instintos libidinosos. Agora, ao reconhecermos os instintos de conservação como de natureza libidinosa, isto é, como libido narcisista, vemos que o processo da repressão se desenvolve dentro da própria libido. A libido narcisista opõe-se à libido objetiva, e o interesse da própria conservação defende-se contra as exigências do amor objetivo.

Nada é tão necessário em psicologia como a existência de uma teoria básica, sobre a qual se possa continuar a edificar. Carente de qualquer base dessa ordem, a psicanálise teve de criar, através de sucessivas tentativas, uma teoria dos instintos. Dessa forma, estabeleceu primeiro a antítese de instintos do Ego (conservação — fome) e instintos libidinosos (amor), substituindo-a depois pela de libido narcisista e libido objetiva. Mas não disse com isso sua última palavra, porque certas reflexões de natureza biológica pareciam proibir-lhe que se satisfizesse com a hipótese de uma única espécie de instintos.

Nos trabalhos de meus últimos anos (*Além do princípio do prazer*, *Psicologia das massas e análise do Eu* e *O Ego e o Id*) dei livre curso à minha tendência à especulação, contida durante muito tempo, e tentei uma nova solução do problema dos instintos. Reuni a conservação do indivíduo e das espécies sob o conceito de Eros, opondo a este o instinto de morte ou destruição, que age silenciosamente. O instinto é geralmente concebido como uma espécie de elasticidade do animado, isto é, como uma aspiração a reconstruir uma situação que já existiu uma vez e foi suprimida por uma perturbação exterior. Essa natureza essencialmente conservadora dos instintos fica explicada pelos fenômenos da repetição obsessiva. A colaboração e o antagonismo do Eros com o instinto da morte constituem para nós a imagem da vida.

A questão é que essa construção teórica se mostre útil. Aspira essencialmente a fixar uma das representações teóricas mais importantes da psicanálise, mas ultrapassa consideravelmente os limites dessa disciplina. Novamente tive de ouvir a depreciativa afirmação de que não se pode confiar numa ciência cujos conceitos superiores são tão pouco precisos como o da libido e o do instinto na psicanálise, mas essa recriminação baseia-se num desconhecimento total da questão. Os conceitos fundamentais claros e as definições delimitadas precisamente só são possíveis nas disciplinas científicas quando estas tentam integrar um conjunto de fatos dentro do quadro de uma construção sistemática intelectual. Nas ciências naturais, às quais pertence a psicologia, é inútil e impossível chegar a tamanha clareza dos conceitos superiores. A zoologia e a botânica não começaram com definições corretas e suficientes do animal e da planta, e a biologia não estabeleceu ainda um conceito fixo do animado. A física teria sacrificado todo o seu desenvolvimento se, para empreendê-lo, tivesse de esperar até dar clareza e precisão aos conceitos de matéria, força e gravitação. As representações básicas ou conceitos superiores das ciências naturais surgem inicialmente muito imprecisos, ficando determinados interinamente pela mera indicação do campo de fenômenos a que pertencem, e somente a progressiva análise ulterior do material de observação consegue dar-lhes a precisão necessária.

Já em fases anteriores da minha produção, realizei a tentativa de atingir pontos de vista gerais partindo da observação psicanalítica. Em 1911 acentuei num pequeno trabalho — *Formulierungen ueber die zwei prinzipien des psychichen Geschehens* — e de um modo certamente nada original, o predomínio do princípio do prazer e do desprazer na vida anímica e sua substituição pelo chamado "princípio da realidade". Mais tarde atrevi-me a tentar a construção de uma "Metapsicologia", dando esse nome a uma disciplina em que cada um dos processos psíquicos era considerado conforme as três coordenadas da dinâmica, da tópica e da econômica, vendo nela o fim último exequível da psicologia. Essa tentativa não chegou a se completar, ficando interrompida após vários ensaios sobre os instintos e seus destinos, a repressão, o inconsciente, etc., porque reconheci que não era chegado ainda o momento de semelhante empresa teórica. Em meus últimos trabalhos especulativos tentei decompor nosso aparelho psíquico, baseando-me na elaboração analítica dos fatos patológicos, e o dividi em um Ego, um Id e um Super-Ego (*O Ego e o Id*). O Super-Ego é o herdeiro do complexo de Édipo e o representante das aspirações éticas do homem.

Não se deve acreditar que neste último período voltei as costas à observação, entregando-me completamente a uma atividade especulativa. Continuo sempre em íntimo contato com o material analítico e não abandonei jamais o estudo de temas especiais clínicos ou técnicos. Ainda nos casos em que me afastei da observação, evitei aproximar-me da filosofia propriamente dita. Uma incapacidade constitucional facilitou-me essa abstenção. Entretanto, sempre me atraíam as idéias de G. Th. Fechner, pensador ao qual devo interessantíssimas sugestões. As amplas coincidências da psicanálise com a filosofia de Schopenhauer, que não somente reconheceu a primazia da afetividade e o extraordinário significado da sexualidade, mas também o mecanismo da repressão, não podem ser atribuídas a meu conhecimento de suas teorias, porque só li Schopenhauer em época já muito avançada de minha vida. A Nietzsche, outro filósofo cujos presságios e opiniões coincidem com freqüência, de um modo surpreendente, com os laboriosos resultados da psicanálise, evitei lê-

"A verdade é, para mim, o objetivo absoluto da ciência."

lo durante muito tempo, porque, mais que a prioridade, me importava conservar-me livre de toda influência.

As neuroses foram o primeiro objeto da psicanálise e, durante muito tempo, o único. Para todo analista é evidente que a prática médica se engana quando separa estas afecções das psicoses, incluindo-as entre as enfermidades nervosas orgânicas. A neurologia pertence à psiquiatria e é indispensável para penetrar nela. O estudo analítico das psicoses parece excluído de qualquer resultado médico, dada a inacessibilidade dessas enfermidades. O enfermo psíquico carece geralmente da faculdade de uma transferência positiva, ficando assim embotado o instrumento principal da técnica analítica, mas é possível chegar a ele por outros caminhos. Há ocasiões em que a transferência não fica totalmente excluída, podendo ser utilizada durante algum tempo. Nas depressões cíclicas, nas modificações paranóicas leves e na esquizofrenia, temos conseguido resultados indubitáveis mediante a análise. Pelo menos, tem sido vantajoso para a ciência que em muitos casos o diagnóstico possa vacilar durante algum tempo entre a psiconeurose e a demência precoce, porque a tentativa terapêutica empreendida forneceu-nos importantes descobrimentos antes de sermos obrigados a interrompê-la. Mas o mais importante é que nas psicoses se torna evidente aquilo que nas neuroses só é possível trazer à superfície com muito trabalho. A clínica psiquiátrica oferece excelentes demonstrações para muitas afirmações analíticas. Não podia, portanto, transcorrer muito tempo sem que a análise encontrasse o caminho dos objetos da observação psiquiátrica. Já em 1896 descobri num caso de demência paranóica os mesmos fatores etiológicos das neuroses e a existência de iguais complexos afetivos. Jung explicou estereotipias enigmáticas de sujeitos dementes, ligando-as a acontecimentos da vida destes, e Bleuler descobriu em diversas psicoses mecanismos análogos aos que a análise revelou nos neuróticos. Desde então não cessaram os esforços dos analistas para chegarem a uma compreensão das psicoses. Sobretudo, desde que trabalhamos com o conceito do narcisismo, foi-se-nos tornando possível iniciar certos descobrimentos. Abraham é quem mais tem avançado por esse caminho, com sua explicação das melancolias. Nesse domínio, o conhecimento não foi ainda transformado em poder terapêutico, mas também as simples conquistas teóricas são importantes e esperamos que encontrarão algum dia sua aplicação prática. Os psiquiatras já não poderão resistir muito tempo à força convincente de suas próprias observações clínicas. Na psiquiatria alemã está se processando atualmente uma espécie de penetração pacífica dos pontos de vista analíticos. Acentuando constantemente que não são psicanalistas nem pertencentes à escola ortodoxa, cujos exageros não compartilham, sobretudo no que se refere ao poder absoluto do fator sexual, os jovens investigadores vão, entretanto, apropriando-se desta ou daquela parte da teoria analítica, aplicando-as à sua maneira. Existem, portanto, múltiplos indícios de um amplo e próximo desenvolvimento de nossa disciplina nesta direção.

VI

Acompanho agora, de longe, os sintomas da reação provocada pela introdução da psicanálise na nação francesa, durante tanto tempo refratária à nossa disciplina. Esse espetáculo atua em mim como uma reprodução de coisas já vividas, mas apresenta, entretanto, traços que lhe são peculiares. Chegam efetivamente até mim objeções de incrível ingenuidade, tais como a de que a tosca pedanteria da terminologia psicanalítica repugna à sensibilidade estética francesa. Ante essa objeção não podemos deixar de nos lembrar do imortal Cavalheiro Riccaut de la Marlinière, criado por Lessing. Outra das manifestações contrárias à nossa disciplina apresenta um aspecto mais fundamental e foi acolhida por um professor de psicologia da Sorbonne. Refiro-me a de que para o "génie latin" se torna insuportável a maneira de pensar da psicanálise. Essa recriminação cai em parte sobre os anglo-saxões, amigos e aliados da França, que aceitaram geralmente essa maneira de pensar. Ante tais manifestações poder-se-ia acreditar que o "génie teutonique" acolheu a psicanálise com os braços abertos, desde seu próprio nascimento.

Na França foram os literatos os primeiros a se interessarem pela psicanálise. Explica-se isso lembrando que nossa disciplina ultrapassou com a interpretação dos sonhos as fronteiras médicas. Entre seu aparecimento na Alemanha e sua atual introdução na França, surgiram suas diversas aplicações aos domínios da literatura e da arte, à Histórias das religiões e à Pré-história, à Mitologia, à Etnologia, à Pedagogia, etc., etc. Todas essas disciplinas têm pouco a ver com a ciência médica e foram precisamente ligadas a ela pela psicanálise. Não tenho, portanto, direito algum a me aprofundar nessa questão, mas não posso deixar de citá-la, porque isso se torna indispensável para termos uma representação exata do valor e da essência da psicanálise e, além disso, a natureza especial desse trabalho, em que assumi o compromisso de expor a obra de minha vida, obriga-se a tratar dela. A maioria dessas aplicações tem efetivamente seu ponto de partida em meu trabalho pessoal. Houve ocasiões em que eu também dei alguns passos por esse caminho, para satisfazer o referido interesse alheio à medicina. Outros homens de ciência seguiram depois minhas pegadas e penetraram mais profundamente nos citados domínios. Mas, como quero me limitar a expor minhas próprias contribuições à aplicação da psicanálise, só apresentarei ao leitor um esquema restrito de sua extensão e importância.

O complexo de Édipo, cuja ubiqüidade fui reconhecendo pouco a pouco, ofereceu-me toda uma série de sugestões. A escolha e a criação do tema, sempre enigmáticas, e o efeito intensíssimo de sua exposição poética, assim como a própria essência da tragédia, cujo principal personagem é o destino, explicam-se quando nos damos conta de que no poema trágico se acha integrada toda a normatividade da vida psíquica em seu pleno significado afetivo. A fatalidade e o oráculo não eram mais que materializações da necessidade interior. O fato de que o herói peque sem o saber e contra sua intenção, constitui a expressão exata da natureza inconsciente de suas tendências criminosas. Da compreensão da tragédia provocada pelo destino, passamos à compreensão da tragédia de caráter, com a análise do *Hamlet* shakespeariano, obra que vinha sendo admirada durante trezentos anos, sem que ninguém tivesse chegado a penetrar em seu sentido nem nos motivos do poeta. Era singular que esse neurótico, criado pelo poeta, naufragasse sob o peso do complexo de Édipo, como tantos seres reais. O problema que se apresenta a Hamlet é, efetivamente, o de vingar numa terceira pessoa os dois fatos que constituem o conteúdo da tendência de Édipo, vingança em cuja execução seu braço fica paralisado por seu próprio e obscuro sentimento de culpa. Shakespeare escreveu essa tragédia pouco depois da morte de seu pai. Minhas indicações para a análise dessa obra foram depois aplicadas e amplamente elaboradas por Ernest Jones, e também Otto Rank fez delas o ponto de partida de suas investigações sobre a escolha de matéria pelos poetas dramáticos, demonstrando em seu livro o *Motivo do incesto* a freqüência com que escolhem os poetas precisamente os motivos do complexo de Édipo, e seguindo as variações e atenuações dessa matéria através da literatura mundial.

Daqui só faltava um passo para a análise da criação poética e artística. Verificou-se que o reino da fantasia era um dispositivo criado na ocasião da dolorosa transição do princípio do prazer para o da realidade, a fim de permitir a constituição de um substitutivo da satisfação instintiva a que foi preciso renunciar na vida real. O artista ter-se-ia refugiado, como o neurótico, neste mundo fantástico, fugindo da realidade pouco satisfatória, mas, ao contrário do neurótico, soube achar o caminho de retorno do citado mundo da fantasia para a realidade. Suas criações, as obras de arte, eram satisfações fantásticas de desejos inconscientes, analogamente aos sonhos, com os quais compartilhavam o caráter de transação, porque também eles tinham de evitar o conflito com os poderes da repressão. Mas, a diferir dos produtos oníricos, associais e narcisistas, destinam-se a provocar a participação de outros homens e podem reanimar e satisfazer, nestes últimos, os mesmos impulsos optativos inconscientes. Por outro lado, servem-se do prazer da percepção da beleza formal como fator de atração. Os elementos de que a psicanálise pode dispor neste trabalho são a inter-relação das impressões da vida do artista, seus destinos, suas obras, sua constituição e os impulsos instintivos que nele atuam, isto é, o geralmente humano. Com esse propósito tornei Leonardo da Vinci objeto de um estudo, que se baseia numa única recordação infantil, comunicada por ele em suas anotações, e destinado essencialmente à explicação de seu quadro *Sant'Ana, com a Virgem e o Menino*, existente no Museu do Louvre. Meus amigos e discípulos executaram numerosas análises semelhantes de artistas e obras de arte. O prazer estético que sentimos em presença de uma obra de arte não fica diminuído pela sua compreensão analítica, obtida dessa forma. Mas, devemos advertir aos profanos que nutrem esperanças excessivas na psicanálise, que existem dois problemas sobre os quais a psicanálise não lança luz alguma, e que são precisamente aqueles que mais podem interessar-lhes. O analista não consegue explicar os dotes do artista nem descobrir os meios com que ele trabalha, isto é, os pertencentes à técnica artística.

Numa pequena novela, carente em si de grande valor, a *Gradiva,* de W. Jansen, pude demonstrar que o sonho imaginado literariamente admite a mesma interpretação que o real, isto é, que na produção do poeta atuam os mesmos mecanismos descobertos na elaboração onírica.

Meu livro *O chiste e sua relação com o inconsciente* parte também da interpretação dos sonhos. O único amigo a quem naquela época interessavam meus trabalhos tinha-me feito observar que minhas interpretações oníricas davam freqüentemente uma impressão "chistosa". Para esclarecer essa impressão, empreendi a investigação do chiste e descobri que sua essência residia em seus meios técnicos, os quais eram iguais aos empregados pela elaboração onírica, isto é, a condensação, o deslocamento, etc . A isso se ligou a investigação econômica relativa à produção de prazer no ouvinte do chiste. A solução do problema foi a de que o citado prazer nascia pela supressão momentânea do esforço de repressão, provocada pela influência de um fator de atração oferecida (prazer preliminar).

Valor maior que a esses estudos, concedo-o às minhas contribuições à psicologia da religião, iniciadas em 1907, com o descobrimento de uma surpreendente analogia entre os atos obsessivos e os ritos religiosos. Sem conhecer ainda outras relações mais profundas, qualifiquei a neurose obsessiva de religião privada desfigurada, e a religião, de neurose obsessiva universal. Mais tarde, em 1911, Jung indicou as amplas analogias existentes entre as produções intelectuais dos neuróticos e as dos primitivos, tendo esse estudo orientado minha atenção para esse tema. Nos ensaios reunidos sob o título de *Totem e tabu*, demonstrei que o horror ao incesto é ainda mais intenso entre os primitivos que entre os homens civilizados, tendo feito surgir entre os primeiros regras especiais de defesa, e investiguei as relações das proibições tabu, forma inicial das restrições morais, com a ambivalência sentimental, descobrindo na concepção primitiva do mundo, isto é, no animismo, o princípio da hipertrofia da realidade anímica, isto é, a *onipotência das idéias*, sobre a qual se baseia a magia. Por meio de tudo isso, estabelecia-se uma comparação com a neurose obsessiva e se demonstrava que essa doença singular contém ainda grande parte das hipóteses da vida anímica primitiva. Atraía-me sobretudo o *totemismo*, primeiro sistema de organização das raças primitivas, em que os princípios da ordem social se mostram ligados a uma religião rudimentar e com o implacável domínio de algumas proibições tabu. O ser adorado é aqui originariamente sempre um animal, do qual o clã afirma descender. Por diversos indícios deduzi a seguir que todos os povos, inclusive os que chegaram ao mais alto nível de civilização, passaram outrora por esse estádio de totemismo.

A fonte literária mais importante desses trabalhos é constituída pelas conhecidas obras de J. G. Frazer (*Totemism and Exogamy* e *The Golden Bough*), que constituem uma mina de fatos e pontos de vista valiosíssimos. Mas esse autor não chega ao esclarecimento do problema do totemismo, tendo várias vezes mudado de opinião sobre a matéria. Os outros etnólogos e historiadores mostram-se também discordes nessa questão. Meu ponto de partida foi a coincidência singular dos dois princípios tabu do totemismo: o de não matar o totem e o de evitar qualquer contato sexual com as mulheres do mesmo clã totêmico, com os dois conteúdos do complexo de Édipo, a supressão do pai e a união sexual com a mãe. Desse modo, fui levado a equiparar o animal totêmico com o pai, tal como o faziam expressamente os primitivos, adorando-o como um antepassado do clã. Dois fatos psicanalíticos vieram em meu auxílio: uma feliz observação de Ferenczi num paciente infantil, observação que permitiu falar de um retorno infantil ao totemismo, e a análise das zoofobias precoces dos meninos, nas quais verificamos que o animal objeto da fobia era uma substituição do pai, deslocando-se sobre ele o medo tido ao genitor, baseado no complexo de Édipo. Daqui não havia mais que um passo para o reconhecimento do assassinato do pai como nódulo do totemismo e ponto de partida da formação das religiões.

Essas últimas considerações foram-me sugeridas pela obra de Robertson Smith, intitulada *A religião dos semitas*, na qual esse genial autor, físico e exegeta bíblico, descreve uma cerimônia essencial da religião totêmica, isto é, a chamada refeição totêmica. Uma vez por ano era morto e devorado o animal totêmico, adorado e protegido em todas as outras ocasiões, sendo depois chorado, festividade da qual participavam todos os membros do clã totêmico. Acrescentando a isso a hipótese de Darwin, de que os homens viviam primitivamente em hordas, cada uma das quais se achava sob o domínio de um único macho, forte, violento e ciumento, cheguei à hipótese, ou melhor dito, à visão do seguinte processo: o pai da horda primitiva teria monopolizado despoticamente todas as mulheres, expulsando ou matando seus filhos, perigosos como rivais. Mas um dia esses filhos se reuniram, assassinando o pai, que tinha sido seu inimigo, mas também seu ideal, e devoraram o cadáver. Após esse fato não puderam, entretanto, apoderar-se de sua herança, porque surgiu entre eles a rivalidade. Sob a influência desse fracasso e do remorso, aprenderam a se suportar uns aos outros, unindo-se num clã fraternal, regido pelos princípios do totemismo, que tendiam a excluir a repetição do crime, e renunciaram todos à posse das mulheres, motivo do assassinato do pai. Desse modo surgiu a exogamia, intimamente ligada ao totemismo. A refeição totêmica seria a festa comemorativa do monstruoso assassinato, do qual procederia a

Mathilde Freud aos cinco meses, a primeira dos seis filhos dos Freud.

consciência humana da culpa (pecado original), ponto de partida da organização social, da religião e das restrições morais.

Quer seja ou não admissivel essa possibilidade, deixamos aqui a formação das religiões colocada sobre a base do complexo paterno e da ambivalência nele predominante. Uma vez abandonada a substituição do pai pelo animal totêmico, o pai primitivo, temido, odiado, adorado e invejado, converteu-se no protótipo da divindade. Na vida psíquica do filho lutavam incessantemente entre si o amor e o ódio ao pai, produzindo formas sucessivas de transação, por meio das quais se expiava por um lado o assassinato, e se afirmavam, por outro, suas vantagens. Essa teoria da religião lança viva luz sobre o fundamento psicológico do cristianismo, no qual perdura, sem qualquer disfarce, a cerimônia da refeição totêmica, no sacramento da comunhão. Devo declarar que essa comparação não é minha, mas já se encontra nas obras de Robertson Smith e de Frazer.

Th. Reik e o etnólogo Roheim tomaram como ponto de partida de vários trabalhos importantes as idéias contidas em *Totem e tabu*, continuando-as, aprofundando-as e justificando-as. Por minha vez, retornei a elas algumas vezes, por ocasião de certas investigações sobre o sentimento inconsciente de culpa, tão importante entre as causas das neuroses, e também em minhas tentativas de ligar mais estreitamente a psicologia social com a individual (*O Ego e o Id*, *Psicologia das massas e análise do Eu*). Utilizei também a herança arcaica procedente das hordas primitivas para explicar a suscetibilidade de ser hipnotizado.

Em outras aplicações da psicanálise, dignas de grande interesse, minha participação é menor. Partindo das fantasias do neurótico, um caminho amplo leva-nos até as criações fantásticas das coletividades e dos povos, integradas nos mitos, nas fábulas e nas lendas. Otto Rank fez da mitologia o objeto de seu trabalho, e a interpretação dos mitos, sua relação com os conhecidos complexos inconscientes infantis e a substituição de explicações astrais por uma motivação humana, foram, em muitos casos, o resultado de seu trabalho analítico. Também o tema do simbolismo encontrou numerosos investigadores no círculo de meus adeptos. O simbolismo despertou grande hostilidade contra a psicanálise, e alguns investigadores, excessivamente tímidos, nunca puderam perdoar essa inovação, à disciplina nascente, tal como era exposta na interpretação dos sonhos. Mas a verdade é que ela não é responsável pelo descobrimento do simbolismo, já conhecido desde há muito tempo em outros domínios (o folclore, a lenda e o mito) nos quais desempenha um papel ainda mais importante que na linguagem dos sonhos.

Pessoalmente não trouxe nenhuma contribuição à aplicação da análise à pedagogia, mas era natural que os descobrimentos analíticos referentes à vida sexual e ao desenvolvimento anímico das crianças atraíssem a atenção dos pedagogos e lhes apresentassem seu trabalho educativo sob uma nova luz. Nesse sentido, foi um infatigável precursor o pastor protestante O. Pfister, de Zurique, que achou a psicanálise conciliável com uma religiosidade sublimada. Devo citar também a senhora Hug-Hellmuth e o dr. Bernfeld, de Viena, entre muitos outros. Da aplicação da análise à educação das crianças sãs e à correção dos não neuróticos, mas desviados em seu desenvolvimento, surgiu uma conseqüência muito importante sob o ponto de vista prático. Efetivamente, já não é possível limitar o exercício da psicanálise aos médicos e excluir dele os profanos. Em realidade, o médico que não fez um estudo especial, é, apesar de seu título, um profano no que se refere à psicanálise, enquanto o indivíduo alheio à medicina, mas com suficiente preparação analítica, pode perfeitamente efetuar o tratamento analítico das neuroses, auxiliado em alguns casos por um médico.

Por um daqueles desenvolvimentos contra cujos efeitos é inútil resistir, a palavra "psicanálise" acabou adquirindo vários sentidos. Originariamente dava somente o nome a um método terapêutico especial, mas agora chegou a se converter no nome de uma ciência, da ciência do psíquico inconsciente. Essa ciência não é, geralmente, capaz de resolver um problema por seus próprios meios, mas parece destinada a oferecer contribuições importantíssimas às mais diversas disciplinas científicas. O campo de aplicação da psicanálise é tão amplo como o da psicologia, ao qual acrescenta um complemento de alcance importantíssimo.

Dessa forma, voltando o olhar para o trabalho de minha vida, posso dizer que iniciei muitas coisas e sugeri outras, das quais disporá o futuro. Não posso, porém, predizer o que chegarão a ser.

(Fonte: *Obras completas de Sigmund Freud*, Editora Delta, vol. XVIII, Rio de Janeiro, 1970.)

Tábua cronológica dos trabalhos de Sigmund Freud

Na tábua que segue, apresentamos ao leitor todos os artigos, ensaios e livros que se incluem nesta edição*, tendo à esquerda a data em que pela primeira vez vieram a lume, e à direita o volume e página e que poderão ser encontrados nesta coleção de Obras Completas.

* Trata-se da edição das *Obras completas de Sigmund Freud*, Editora Delta, Rio de Janeiro, 1970.)

1921 — Psicologia das massas e análise do Eu .... IX- 7
1922 — Sobre alguns mecanismos neuróticos nos ciúmes, na paranóia e na homossexualidade V-285
1923 — Sistemática da psicanálise e teoria da libido X-90,113
1923 — O Ego e o Id IX-181
1923 — Organização genital infantil IX-173
1923 — Uma neurose demoníaca no século XVII ... XI-245
1924 — A perda da realidade na neurose e na psicose .... XIV- 31
1924 — O problema econômico do masoquismo V-297
1924 — Neurose e psicose .... XIV- 17
1924 — O fim do complexo de Édipo .... XIV- 23
1924 — História abreviada da psicanálise .... X- 67
1925 — Introdução a "Observações Clínicas" ...... XV- 5
1925 — O "bloco maravilhoso" .... XIV- 37
1925 — A negação XI-293
1925 — Autobiografia .... XVIII- 73
1925 — Inibição, sintoma e angústia IX-233
1926 — Psicanálise e medicina (Psicanálise profana) XVIII-141
1927 — O futuro de uma ilusão .... X- 5

1928 — Uma experiência religiosa .... XIV- 43
1928 — Dostoiévski e o parricídio XI-299
1932 — Novas contribuições à psicanálise .... XVII- 5

(Fonte: *Obras Completas de Sigmund Freud*, Editora Delta, vol. XVIII, Rio de Janeiro, 1970.)

Freud em 1922.

O Esquema da Psicanálise (1910)*

História

I

A psicanálise nasceu, por assim dizer, com o século XX. A obra com a qual se apresentou ao mundo como algo de novo, minha *Interpretação dos Sonhos*, veio à luz em 1900. Naturalmente, não brotou da rocha nem caiu do céu; está ligada a trabalho anterior, continuando-o, e surge de estímulos que submete a elaboração. Assim, pois, sua história deve começar pela descrição das influências que presidiram sua gênese, e não deve passar por alto épocas e estados anteriores à sua criação.

A psicanálise nasceu num terreno estritamente delimitado. Originariamente só conhecia um fim: o de compreender algo da natureza das enfermidades nervosas chamadas

---

* Traduzido pelo dr. Gladstone Parente.

"funcionais", para vencer a impotência médica de até então quanto ao seu tratamento. Os neurologistas daquela época tinham sido formados na superestimação dos fatos químico-físicos e patológico-anatômicos, e por último estavam sob a influência das descobertas de Hitzig e Fritsch, Ferrier, Golz e outros, que pareciam demonstrar uma íntima vinculação, talvez exclusiva, de certas funções a determinadas partes do cérebro. Com o fator psíquico não sabiam o que fazer; não podiam apreendê-lo; abandonavam-no aos filósofos, aos místicos e aos curandeiros; e, em conseqüência, não se abria nenhum acesso aos segredos das neuroses, sobretudo aos da enigmática "histeria", a qual constituía o protótipo da espécie toda. Todavia, quando em 1885 praticava na Salpêtriére, pude ver que quanto às paralisias histéricas se considerava suficiente a fórmula de que dependiam de ligeiros transtornos funcionais das mesmas partes dos cérebros, cuja grave lesão provocava a paralisia orgânica correspondente.

Sob o peso da falta de compreensão, a terapêutica desses estados patológicos consistia em medidas de caráter geral, na prescrição de medicamentos e em tentativas — na sua maioria inadequadas — de influenciação psíquica, tais como intimidações, zombarias e censuras. Como terapêutica específica dos estados nervosos, aconselhava-se a eletricidade; porém o médico que se decidia a aplicá-la, segundo os minuciosos preceitos de W. Erb, tinha, dentro em breve, oportunidade de assombrar-se ante o lugar que na ciência pretensamente exata ocupava a fantasia. A reação iniciou-se quando entre as décadas de 1880 e 1890 os fenômenos do hipnotismo novamente despertaram a atenção da ciência médica, graças, desta vez, aos trabalhos de Liébault, Bernheim, Herdenhain e Forel, desta vez com êxito jamais alcançado. O importante foi o reconhecimento da autenticidade de tais fenômenos. Dado esse passo, impunha-se extrair do hipnotismo dois ensinamentos fundamentais e inesquecíveis. Em primeiro lugar, chegou-se à convicção de que certas singulares alterações somáticas não eram senão o resultado de certas influências psíquicas, ativadas no caso correspondente. E em segundo, a conduta dos pacientes depois da hipnose deixava uma impressão clara da existência de processo anímicos que só podiam ser "inconscientes". O "inconciente" era, havia muito tempo, como conceito teórico, objeto de discussão entre os filósofos; porém nos fenômenos do hipnotismo tornou-se, pela primeira vez, corpóreo, tangível e objeto de experimentação.

A isso veio juntar-se que os fenômenos hipnóticos mostravam uma inegável analogia com as manifestações de algumas neuroses.

Não exagero, frisando, mais uma vez, a importância do hipnotismo para a história da gênese da psicanálise. Tanto no sentido teórico como terapêutico, a psicanálise administra uma herança que o hipnotismo lhe transmitiu.

A hipnose demonstrou ser também um valioso auxiliar para o estudo das neuroses, e sobretudo, como um novo meio, da histeria. Causaram grande impressão as experiências de Charcot, o qual havia suposto que certas paralisias, surgidas depois de um trauma (acidente), eram de natureza histérica, e fundando-se em tal hipótese logrou provocar artificialmente paralisias de caráter idêntico por meio de sugestão de um trauma durante a hipnose. Desde então se manteve a esperança de que na gênese dos sintomas histéricos podiam participar geralmente influências traumáticas. Charcot não foi mais longe na compreensão psicológica da neurose histérica; porém seu discípulo P. Janet retomou tais estudos e pôde mostrar, com ajuda do hipnotismo, que as manifestações patológicas da histeria dependiam estritamente de certas idéias inconscientes (idéias fixas). Janet caracterizou a histeria por uma suposta incapacidade constitucional de manter em conexão os processos psíquicos, da qual resultava uma dissociação da vida anímica.

Porém a psicanálise não se subordinou de modo algum

a essas investigações de Janet. Teve seu ponto de partida na experiência de um médico vienense, o dr. Josef Breuer, que, livre de toda a influência estranha, conseguiu, por volta de 1881, estudar e curar, com a ajuda do hipnotismo, uma jovem histérica. Os resultados obtidos por Breuer foram publicados quinze anos mais tarde, depois de haver admitido como colaborador o autor destas linhas. O caso por ele tratado conservou até hoje sua significação única para nossa compreensão das neuroses, sendo assim inevitável sua exposição detalhada. É necessário apreender claramente em que consistiu a singularidade desse caso. A jovem havia adoecido em conseqüência da assistência desvelada a seu pai, a quem amava ternamente, durante uma longa e penosa doença. Breuer pôde demonstrar que todos os seus sintomas referiam-se a essa assistência e nela encontravam sua explicação. Conseguira-se, pois, pela primeira vez, elucidar um caso de tão enigmática neurose, e todos os fenômenos patológicos demonstraram possuir um sentido. Era, além disso, um caráter geral dos sintomas o haver surgido em situações que integravam um impulso a uma ação, a qual não havia sido levada a cabo, senão omitida por motivos de outra ordem. Em lugar dessas ações omitidas haviam surgido os sintomas. Tais circunstâncias indicavam como etiologia dos sintomas histéricos a efetividade e o dinamismo das forças psíquicas, e esses dois pontos de vista estão hoje de pé.

Breuer equiparou os motivos da gênese dos sintomas aos traumas de Charcot. Ora, muito bem; dava-se o caso singular de que tais motivos traumáticos e todos os impulsos anímicos a eles ligados ficavam perdidos para a memória do paciente, como se jamais houvessem acontecido, enquanto seus efeitos, ou seja os sintomas, perduravam imutáveis, como se para eles não existisse o desgaste do tempo. Descobria-se assim mais uma prova da existência de processos anímicos inconscientes, porém por isso mesmo singularmente poderosos, tais como os primitivamente observados nas sugestões pós-hipnóticas. A terapêutica empregada por Breuer consistia em levar o paciente, por meio do hipnotismo, a recordar os traumas esquecidos e a eles reagir com intensas manifestações de afeto. Conseguindo isso, desaparecia o sintoma nascido de uma tal manifestação afetiva. Assim, pois, o mesmo processo servia simultaneamente à investigação e à eliminação da doença, sendo essa união não habitual mantida pela psicanálise.

Confirmada pelo autor destas linhas, nos primeiros anos da última década do século XIX, a exatidão dos resultados de Breuer, ambos, Breuer e ele, decidiram dar a publicidade o resultado de suas experiências e a tentativa, nelas baseada, de uma teoria (*Estudos sobre a Histeria*, 1895). Essa teoria afirmava que o sintoma histérico surgia quando o afeto de um processo anímico intensamente afetivo era desviado da elaboração consciente normal e encaminhado por uma rota imprópria. No caso da histeria esse afeto se resolvia em inervações somáticas não habituais (conversão), podendo, porém, ser dirigido noutro sentido e descarregado por meio da revivescência do evento correspondente durante a hipnose (derivação por reação). A esse processo demos o nome de *catarse* (limpeza, liberação do afeto represado).

O método catártico é a antecessor imediato da psicanálise, e apesar de todas as ampliações da experiência e de todas as modificações da teoria, nela continua como nódulo central. Não era, porém, mais do que um novo caminho pelo qual se podia influir sobre certas doenças nervosas, e nada fazia supor que pudesse chegar a ser objeto do interesse geral e de violenta oposição.

II

Pouco depois da publicação dos *Estudos sobre a Histeria*, terminou minha colaboração com Breuer. Breuer, cuja orientação profissional era propriamente a Medicina geral, abandonou o tratamento de doentes nervosos, dedicando-me eu, então, a aperfeiçoar o instrumento que meu colega abandonava. As inovações técnicas por mim introduzidas e minhas descobertas fizeram do processo catártico a psicanálise. O passo mais decisivo foi a renúncia ao hipnotismo, como meio auxiliar. Dois foram os motivos que a isso me levaram. Em primeiro lugar, porque, apesar de haver feito um curso completo na clínica de Bernheim, em Nancy, eram muitos os pacientes aos quais não conseguia hipnotizar.

Em segundo, porque os resultados terapêuticos da catarse, baseada no hipnotismo, não me deixavam satisfeito. Tais resultados eram desde logo evidentes e apareciam pouco tempo depois de iniciado o tratamento; demonstravam, porém, ser pouco duradouros e demasiado dependentes da relação pessoal do médico com o paciente. A supressão da hipnose significou uma ruptura com a evolução do processo até então e o início de outro.

O hipnotismo servia para levar à memória consciente do indivíduo os fatos por ele esquecidos. Tinha, pois, de ser substituído por outra técnica. Nessa conjuntura comecei a pôr em prática o método da associação livre, que consistia em obrigar o indivíduo a prescindir de toda reflexão consciente e abandonar-se num estado de serena concentração, ao curso de suas recordações espontâneas (involuntárias). Tais recordações deviam ser relatadas ao médico, mesmo que em seu foro íntimo surgissem objeções contra tal comunicação; por exemplo, fatos desagradáveis, disparatados, insignificantes ou impertinentes. A escolha da associação livre como meio auxiliar para a investigação do consciente esquecido parece tão estranha que necessário se torna justificá-la. Em tal escolha tive a guiar-me a esperança de que a chamada associação livre não tivesse, na realidade, nada de livre, visto que uma vez subjugados todos os desígnios mentais, haveria de surgir uma indicação das recordações pelo material inconsciente. Tal esperança foi justificada pelos fatos. Prosseguindo assim a associação livre dentro da observância da "regra analítica fundamental" antes exposta, obtinha-se um material rico de recordações que nos podia pôr na pista do esquecido pelo doente. Esse material não continha os próprios elementos esquecidos, porém tão claras e abundantes alusões a eles, que o médico podia adivinhá-lo (reconstruí-los) com o auxílio de certos complementos e determinadas interpretações. Assim, pois, a livre associação e a arte interpretativa conseguiam o mesmo resultado que antes o hipnotismo.

Aparentemente, nosso trabalho ficava assim extraordinariamente dificultado e complicado; em troca, porém, obtínhamos uma vantagem inestimável: vislumbrávamos um dinamismo que o estado de hipnose encobria ao observador. Descobríamos, com efeito, que o trabalho de tornar manifestos os elementos patogênicos esquecidos tinha de lutar contra uma resistência constante e muito intensa. As objeções críticas com as quais o paciente queria excluir da comunicação as recordações nele emergentes, contra as quais se dirigia a regra psicanalítica fundamental, eram manifestações de tal resistência. Do estudo dos fenômenos da resistência, resultou um dos pilares mestres da teoria psicanalítica das neuroses: a teoria da *repressão*. Não era difícil supor que as mesmas forças que agora se opunham a que o material patogênico se tornasse consciente haviam exteriorizado por sua vez, com pleno êxito, igual tendência. Desse modo, ficava preenchida uma lacuna na etiologia dos sintomas neuróticos. As impressões e os impulsos anímicos dos quais os sintomas eram agora substitutos, não haviam sido esquecidos sem fundamento algum ou, segundo a tese de Janet, em conseqüência da incapacidade constitucional para síntese; pelo contrário, haviam sofrido, por influência de outras forças anímicas, uma repressão, cujo resultado e cujo sinal eram precisamente seu afastamento da consciência e a sua exclusão da memória. Somente em conseqüência dessa repressão é que se tinham tornado patogênicos, isto é, haviam criado, por caminhos diferentes, uma expressão como sintomas.

Como motivo da repressão, e com ela como causa de toda enfermidade neurótica, devíamos considerar o conflito entre dois grupos de tendências anímicas. Então a experiência nos ensinou algo tão novo como surpreendente sobre a natureza das forças em luta. A repressão partia, regularmente, da personalidade consciente (o Ego) do doente e dependia de motivos éticos e estéticos; à repressão sucumbiam impulsos de egoísmo e crueldade, que, em geral, podemos considerar maus, porém, sobretudo, impulsos optativos sexuais, muitas vezes de natureza repulsiva e ilícita. Assim, pois, os sintomas patológicos eram um substitutivo de satisfações proibidas, e a doença parecia corresponder a uma dominação incompleta do imoral que o homem integra.

O progresso dos nossos conhecimentos nos revelou cada vez mais claramente que magno papel desempenham na vida anímica os impulsos optativos sexuais e nos proporcionou ocasião de estudar penetrantemente a natureza e a evolução do instinto sexual (*Três Contribuições a uma Teoria sexual*, 1905). Chegamos, também, a outro resultado diferente, puramente empírico, ao descobrir que as vivências e os conflitos dos primeiros anos infantis desempenham um papel importante na evolução do indivíduo e deixam após si disposições imperecíveis para a idade adulta. Dessa forma, chegamos a conhecer algo que até então passara inteiramente despercebido pela ciência, a *sexualidade infantil*, a qual se manifesta, desde a mais tenra idade, tanto em reações somáticas como em atitudes anímicas. Para harmonizar essa sexualidade infantil com a chamada normal do adulto e com a vida sexual anormal dos perversos houve necessidade de fazer experimentar ao conceito mesmo do sexual uma ampliação que pôde ser justificada pela história da evolução do instinto sexual.

A partir da substituição do hipnotismo pela técnica da associação livre, o método catártico de Breuer transformou-se na psicanálise, a qual fui eu o único a praticar e desenvolver durante mais de um decênio. A psicanálise foi assenhoran-

Freud na época em que foi nomeado *Privatdozent*, em 1885.

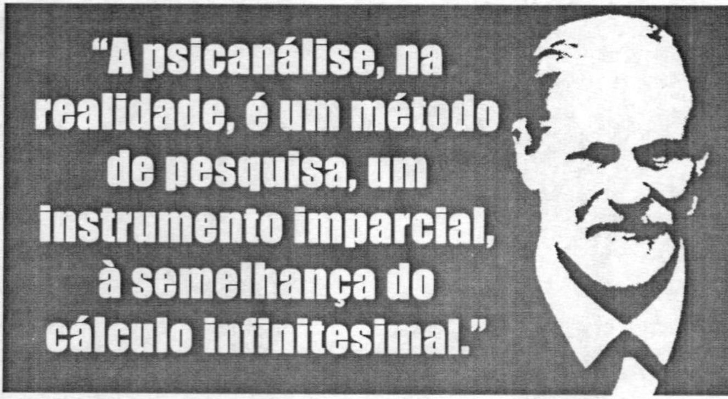

do-se, paulatinamente, nesse intervalo, de uma teoria que parecia procurar informação suficiente sobre a gênese, o sentido e a intenção dos sintomas neuróticos e um fundamento racional para o esforço médico encaminhado à supressão da doença. Reunirei de novo os fatores que constituem o conteúdo de tal teoria. Tais fatores são: a acentuação da vida instintiva (afetividade), do dinamismo anímico e da plenitude de sentido e determinação inclusive dos fenômenos psíquicos aparentemente mais obscuros e arbitrários, a doutrina do conflito psíquico e da natureza patogênica da repressão, a concepção dos sintomas patológicos como satisfações substitutivas e a descoberta da significação etiológica da vida sexual e muito especialmente dos surtos infantis desta. No sentido filosófico, essa teoria teve de adotar o ponto de vista de que o psíquico não coincide com o consciente, e que os processos psíquicos são, em si, inconscientes, e somente pela função de certos órgãos (instâncias, sistemas) se tornam conscientes.

Como complemento desta enunciação, acrescentaremos que entre as atitudes afetivas da infância ressaltava a complicada relação afetiva do indivíduo infantil com seus pais, o chamado *complexo de Édipo*, no qual se descobria, cada vez mais claramente, o nódulo de todo caso de neurose, e que na conduta do analisado em relação ao médico se singularizavam certos fenômenos de *transferência afetiva* que adquiriram tanta importância para a teoria como para a técnica.

A teoria psicanalítica das neuroses já continha nessa estrutura muitos elementos opostos à opinião e inclinações dominantes e que despertaram, nos setores afastados do nosso, estranheza, desgosto e incredulidade. Nossa atitude ante o problema do inconsciente, foi, como vimos, o reconhecimento da sexualidade infantil e a acentuação do fator sexual na vida anímica em geral; porém, a eles viriam juntarse outros elementos.

III

Para que se compreendesse como, numa jovem histérica, um desejo sexual proibido podia transformar-se num sintoma doloroso, fomos obrigados a construir penetrantes e complicadas hipóteses sobre a estrutura e a função do aparelho anímico, o qual constituía uma franca contradição entre o esforço e o resultado. Se as circunstâncias afirmadas pela psicanálise existiam realmente, deviam ser de natureza fundamental e teriam o poder de se manifestar também em fenômenos diferentes dos histéricos. Porém, se de fato assim sucedia, a psicanálise deixava de interessar exclusivamente aos neurologistas e podia aspirar à atenção de todos aqueles que vislumbraram alguma coisa na investigação psicológica. Seus resultados não pertenciam somente ao setor da vida anímica patológica; eram, também, imprescindíveis à compreensão da função normal.

A prova de sua utilidade para a explicação da atividade psíquica não patológica, conseguiu-a rapidamente a psicanálise com a sua aplicação a duas ordens de fenômenos: aos freqüentíssimos e cotidianos *atos falhos*, tais como os esquecimentos e as equivocações orais e escritas, etc., e aos *sonhos* dos homens sãos e psiquicamente normais. Os pequenos atos falhos, como o esquecimento temporário de nomes próprios, sobejamente conhecidos pelo indivíduo, as equivocações orais e escritas e outros análogos, não haviam sido objeto até então de nenhuma explicação ou eram simplesmente atribuídos a estados de fadiga ou desvios da atenção. Em nossa *Psicopatologia da Vida Cotidiana* (1901-1904) demonstramos com diversos exemplos, que tais acontecimentos tinham um sentido e nasciam em conseqüência da perturbação de uma intenção consciente por outra, retida e às vezes diretamente inconsciente. Quase sempre basta uma rápida reflexão ou uma breve análise para descobrir a influência perturbadora. Dada a freqüência desses atos falhos, tais como as equivocações orais, qualquer um pode extrair de si mesmo a convicção da existência de processos anímicos que, não sendo conscientes, são, não obstante, eficazes e procuram uma exteriorização pelo menos como inibições e modificações de outros atos intencionais.

Muito mais longe nos conduziu ainda a análise dos sonhos, cujos resultados surgiram na *Interpretação dos Sonhos*, de nossa autoria, aparecida em 1900. Dessa análise resultou que o sonho compartilha da estrutura dos sintomas neuróticos. Pode parecer, como estes, estranho e falto de sentido; mas, se o investigamos com auxílio de um certa técnica, muito semelhante à da associação livre usada em psicanálise, chegamos, a partir do seu *conteúdo manifesto*, a um sentido secreto do sonho, ou seja, às *idéias latentes* do mesmo. Esse sentido latente é sempre um impulso optativo, que é representado como cumprido no presente. Salvo, porém, nas crianças pequenas ou sob a pressão de necessidades somáticas imperativas, esse desejo secreto não pode ser jamais expressado de forma reconhecível. Tem de submeter-se antes a uma *deformação*, que é a obra de forças restritivas e censoras localizadas no Ego do indivíduo. Desse modo, nasce o sonho manifesto, tal como é recordado ao despertar, deformado, até tornar-se irreconhecível, pelas conversões à censura onírica, que a análise, porém, pode desmascarar e revelar como expressão de uma satisfação ou do cumprimento de um desejo, como uma transação entre dois grupos de tendências anímicas em luta, da mesma forma como descobrimos que sucedia no sintoma histérico. A fórmula segundo a qual o sonho é uma satisfação (disfarçada) de um desejo (reprimido) é a que melhor e mais fundamentalmente define a essência do sonho. O estudo daquele processo que transforma o desejo onírico latente no conteúdo manifesto do sonho (a elaboração onírica) nos proporcionou o melhor que sobre a vida anímica inconsciente sabemos.

O sonho não é um sintoma patológico, e sim uma função da vida psíquica normal. Os desejos cujo cumprimento faculta são os mesmos que na neurose sucumbem à repressão. O sonho deve a possibilidade da sua gênese simplesmente à circunstância favorável de que durante o estado de repouso, que paralisa a motilidade do homem, a repressão se enfraquece, convertendo-se na censura onírica. Porém quando a formação do sonho ultrapassa certas fronteiras, o indivíduo põe-lhe um ponto final e desperta sobressaltado. Demonstra-se, pois, que na vida psíquica normal, à semelhança da patológica, existem as mesmas forças e as mesmas relações entre elas. A partir da interpretação dos sonhos, assumiu a psicanálise uma dupla significação: não era somente uma nova terapêutica da neurose, mas também uma nova psicologia; aspirava a ser levada em consideração, não só por neurologistas, como por todos os homens consagrados às ciências do espírito.

Porém a acolhida que encontrou no mundo científico não foi nada amistosa. Durante cerca de dez anos, ninguém se ocupou dos meus trabalhos, até que, em 1907, um grupo de psiquiatras suíços (Bleuler e Jung, de Zurique) despertou a atenção para a psicanálise, estalando em seguida, na Alemanha, sobretudo, uma tempestade de indignação que, por certo, não selecionou de modo algum seus meios e argumentos.

A psicanálise compartilhou assim o destino de tantas outras novidades que ao cabo de certo tempo encontram a aceitação geral. Por todos os modos, correspondia à sua essência despertar controvérsias intensíssimas. Feria os preconceitos da humanidade civilizada em vários pontos, particularmente sensíveis, submetia de certo modo, todos os homens à reação analítica, descobrindo o que um convênio geral havia reprimido e rechaçado para o inconsciente, obrigando nossos contemporâneos a se conduzirem como doentes, os quais manifestam, especialmente no curso do tratamento analítico, todas as suas resistências. É forçoso reconhecer, porém, que não era fácil adquirir a convicção da exatidão das doutrinas analíticas nem ser iniciado no exercício da análise.

Não obstante, a hostilidade geral não pode impedir que, no curso dos dez anos seguintes, a psicanálise se estendesse sem trégua em dois sentidos: sobre o mapa, sendo cada vez mais numerosas as nações nas quais surgia o interesse pela psicanálise, e no terreno das ciências do espírito, encontrando aplicação a novas disciplinas. Em 1909, G. Stanley Hall, diretor da Clark University de Worchester (Massachussetts, Estados Unidos), convidou-nos — Jung e eu — para fazer na referida Universidade uma série de conferências sobre psicanálise, as quais foram amavelmente acolhidas. Desde então, a psicanálise tornou-se popular nos Estados Unidos, se bem que precisamente nesse país se acobertem sob seu nome alguns abusos. Em 1911 Havelock Ellis verificou que a psicanálise era praticada, não só na Áustria e Suíça, como também nos Estados Unidos, Inglaterra, Índia, Canadá e Austrália.

Nesse período de luta e primeira floração, nasceram também os órgãos literários consagrados exclusivamente à psicanálise. Tais foram o *Jahrbuch für psychoanalytische und psychopathologische Forschungen*, editado por Bleuler e por mim, e dirigido por Jung (1909-1914), que deixou de aparecer ao estalar a guerra; o *Zentralblatt für Psychoanalyse* (1911), redigido por Adler e Stekel, que se transformou em seguida na *Internationale Zeitschrift für Psychoanalyse* (1913) e cuja publicação continua regularmente, e a revista *Imago*, fundada em 1912 por Rank e Sachs e dedicada à aplicação da psicanálise às ciências do espírito. O interesse dos médicos anglo-americanos manifestou-se em 1913 com a fundação, por White e Jellife, da *Psychoanalytic Review*, ainda em circulação. Mais tarde, em 1920, nasceu o *International Journal of Psycho-Analysis*, dirigido por E. Jones e dedicado especialmente à Inglaterra. A editora "Internationaler Psychoanalytischer Verlag" e seu ramo inglês (a I. Ps. A. Press) lançam uma série contínua de publicações. Naturalmente, a literatura psicanalítica não deve ser procurada exclusivamente nessas publicações periódicas, mantidas na sua maioria por sociedades psicanalíticas, senão também numa infinidade de lugares os mais diferentes, tanto em produções científicas como literárias. Entre as revistas de língua românica que dedicam especial atenção à psicanálise, devemos citar a *Revista de Psiquiatria*, dirigida por H. Delgado, de Lima (Peru).

A diferença essencial entre esta década da psicanálise e a anterior consistiu em não ser eu o seu único representante. Em torno de mim foi-se formando um círculo de discípulos e adeptos, cada vez mais numerosos, que além de trabalharem na difusão da teoria psicanalítica estudavam-na, aprofundando-a e completando-a. Vários desses adeptos separaram-se de nós, como era inevitável, no transcorrer dos anos, tomando caminhos próprios ou passando a fazer uma oposição que parecia ameaçar a continuidade da evolução da psicanálise. Entre 1911 e 1913 foram C. G. Jung, em Zurique, e Adler, em Viena, os que, com suas tentativas de interpretação particular dos fatos analíticos e suas tendências a se desviarem dos pontos de vista analíticos, provocaram um certo abalo, porém não tardou em ficar demonstrado que tais defecções não tinham causado danos duradouros. Seu êxito passageiro explicava-se facilmente pela disposição da massa a se deixar libertar do peso das exigências psicanalíticas, qualquer que

Freud no ano em que publicou *Sobre as Afasias*, 1891.

fosse o caminho que para isso se lhe oferecesse. A maioria dos meus colaboradores manteve-se firme e prosseguiu o trabalho seguindo as linhas da orientação traçada. Na exposição seguinte, muito abreviada, dos resultados da psicanálise dos diversos setores da sua aplicação, encontraremos repetidamente seus nomes.

IV

A ruidosa repulsa que a psicanálise sofreu por parte do mundo médico não foi suficiente para impedir seus adeptos de desenvolvê-la, antes de tudo, de acordo com a sua finalidade inicial, em uma *patologia* especial e uma *terapêutica das neuroses*, trabalho ainda hoje não terminado. Os inegáveis êxitos terapêuticos, que ultrapassavam consideravalmente o que até então fora conseguido, estimulavam novos esforços, e as dificuldades que surgiram ao penetrar mais profundamente na matéria determinaram profundas modificações da técnica psicanalítica e importantes modificações das hipóteses da teoria.

No curso dessa evolução, a técnica da psicanálise tornou-se tão precisa e tão árdua como a de qualquer outra especialidade médica. Pelo desconhecimento desse fato peca-se gravemente na Inglaterra e na América do Norte, principalmente nesta, porquanto pessoas que adquiriram por meio da leitura um mero conhecimento literário da psicanálise acreditam estar capacitadas a empreender tratamentos analíticos sem se submeter antes a uma iniciação prática suficiente. Os resultados de tal conduta são nefastos, tanto para a ciência como para os pacientes, e têm contribuído muito para o descrédito da psicanálise. A fundação da primeira policlínica psicanalítica (pelo dr. M. Eitingon, de Berlim, em 1920) constituiu um passo da mais alta importância prática. Essa instituição esforça-se, por um lado, em tornar acessível a terapêutica analítica a setores mais amplos, e, por outro, encarrega-se de iniciar os médicos na prática da análise mediante um curso preparatório que exige, como principal condição, que o candidato se submeta à análise.

Entre os conceitos auxiliares que tornam possível ao médico o domínio do material analítico, devemos mencionar, em primeiro lugar, o da "libido". Libido significa em psicanálise primeiro a energia (concebida como quantitativamente variável e mensurável) dos instintos sexuais orientados para o objeto (no sentido ampliado pela teoria analítica). Do estudo subseqüente resultou a necessidade de justapor a esta "libido do objeto" uma "libido narcisista" ou "libido do Ego", e os efeitos recíprocos dessas duas forças permitiram explicar inúmeros processos da vida psíquica, tanto normais como patológicos. Não tardou em estabelecer-se a diferenciação geral entre as chamadas "neuroses de transferência" e as afecções narcisistas, sendo as primeiras (histeria e neurose obsessiva) o objetivo própriamente dito da terapêutica psicanalítica, enquanto as outras, as neuroses narcisistas, se bem que passíveis de investigação com a ajuda da análise, opõem dificuldades fundamentais à ação terapêutica. É certo que a teoria psicanalítica da libido não está terminada nem foram ainda explicadas as suas relações com uma teoria geral dos instintos — a psicanálise é uma ciência muito jovem, incompleta, em via de rápida evolução —; podemos, porém, declarar desde já que é errônea a acusação de sexualismo que tão freqüentemente lhe é feita. Tal acusação pretende que a teoria psicanalítica não conhece energias instintivas psíquicas diferentes das sexuais, e utiliza assim, em seu benefício, preconceitos comuns, empregando o termo "sexual" não em seu sentido analítico, e sim no sentido vulgar.

A concepção psicanalítica teve de contar entre as afecções narcisistas também as doenças que a psiquiatria chama de "psicoses funcionais". Não havia dúvida de que as neuroses e as psicoses não estavam separadas por limites precisos, como tampouco a saúde e a neurose, impondo-se, portanto, aplicar à explicação dos enigmáticos fenômenos psicóticos os conhecimentos adquiridos no estudo das neuroses, igualmente impenetráveis até então. Já no meu período de isolamento conseguira tornar compreensível, por meio da investigação psicanalítica, um caso de paranóia e demonstrar em tão indiscutível psicose os mesmos conteúdos (complexos) e um dinamismo análogo ao das neurose simples. E. Bleuler investigou num grande número de psicoses os indícios daquilo que qualifica de "mecanismos freudianos", e C. G. Jung conquistou grande consideração como analista, quando, em 1901, explicou os enigmáticos sintomas emergentes nos surtos da *dementia praecox* pela história individual de tais enfermos. O amplo estudo da esquizofrenia, que Bleuler levou a cabo (1911), demonstrou, de um modo provavelmente definitivo, a exatidão dos pontos de vista psicanalíticos para a concepção dessas psicoses.

Desse modo, foi e continuará a ser a psiquiatria o primeiro setor da aplicação da psicanálise. Os mesmos investigadores que mais trabalharam para aprofundar o conhecimento analítico das neuroses — K. Abraham, de Berlim, e S. Ferenczi, de Budapeste, para citar somente os mais proeminentes — foram também os que mais contribuíram para a elucidação analítica das psicoses. A convicção da unidade e homogeneidade de todas as perturbações que se mostram como fenômenos neuróticos e psicóticos vai se impondo cada vez mais, apesar da resistência dos psiquiatras. Começa-se a compreender — na América, melhor do que qualquer outro lugar — que somente o estudo psicanalítico das neuroses pode fornecer a preparação necessária a uma compreensão da psicose, e que a psicanálise tornará possível no futuro uma psiquiatria científica que não necessitará mais de se contentar com a descrição de singulares quadros de estados e trajetórias incompreensíveis e a investigação da influência de traumas meramente anatômicos e tóxicos sobre o aparelho anímico, inacessível ao nosso conhecimento.

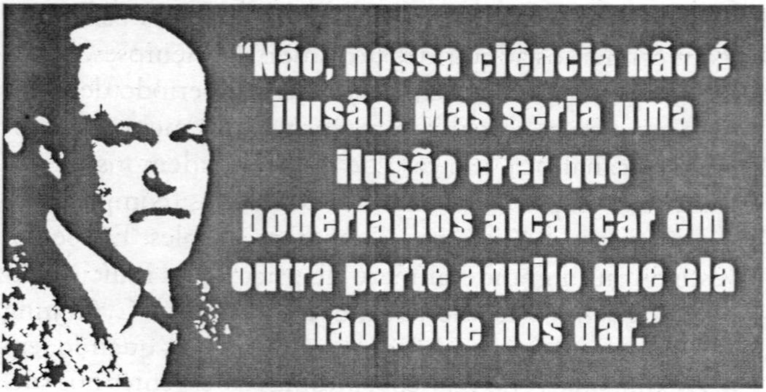

V

Porém, somente com a significação para a psiquiatria, a psicanálise não teria atraído jamais a atenção do mundo intelectual nem conquistado um posto em *The History of our Times*. Essa ação partiu da relação da psicanálise com a vida anímica normal, não com a patológica. Originalmente, a investigação analítica se propunha tão-só fundamentar a gênese de alguns estados psíquicos patológicos; porém, no decorrer do trabalho, chegou a descobrir relações de importância fundamental e a criar uma nova psicologia, tendo, portanto, de se dizer que a validez de tais descobertas não poderia limitar-se ao terreno da patologia. Já sabemos quando foi conseguida a demostração definitiva da exatidão dessa conclusão. Foi quando a técnica analítica conseguiu a interpretação dos sonhos, os quais pertencem à vida psíquica dos normais e constituem, todavia, produtos propriamente patológicos, que podem surgir regularmente num estado de saúde considerado normal.

Mantidas as observações psicológicas conquistadas por meio do estudo dos sonhos, restava unicamente um passo para proclamar a psicanálise como doutrina dos processos psíquicos mais profundos, não acessíveis diretamente à consciência, como a "psicologia abissal" e aplicá-la a quase todas as consciências do espírito. Tal passo consistiu na transição da atividade psíquica do indivíduo às funções psíquicas de comunidades humanas e povos, isto é, da psicologia individual à psicologia coletiva, e havia muitas e surpreendentes analogias que aconselhavam a dá-lo. Assim, havia-se averiguado que nos estratos profundos da atividade mental inconsciente os elementos antitéticos não se diferenciam uns dos outros, mas que são representados por um mesmo elemento. O filólogo K. Abel já havia feito em 1884 a afirmação de que os idiomas mais antigos que conhecemos tratavam do mesmo modo as antíteses. O antigo egípcio, por exemplo não tinha a princípio mais que uma palavra para "forte" e "fraco", e somente mais tarde diferenciou os dois termos antitéticos por meio das ligeiras modificações. Ainda nos idiomas modernos é possível encontrar claros resíduos de tal sentido contraditório. Assim a palavra alemã "Boden" significa tanto a parte mais alta como a mais baixa da casa; em latim "altus" é tanto alto como profundo. Vemos pois que a equiparação do antitético no sonho é um rasgo arcaico geral do pensamento humano.

Consideremos outro exemplo pertencente a um setor diferente: é impossível fugirmos à impressão de coincidência que descobrimos entre os atos obsessivos de alguns enfermos e as práticas dos crentes do mundo inteiro. Alguns casos de neuroses obsessivas parecem manifestações de uma religião privada e caricatural, de maneira que podemos comparar as religiões oficiais com uma neurose obsessiva mitigada por sua generalização. Essa comparação, altamente injuriosa para todos os crentes, foi muito proveitosa do ponto de vista psicológico. Pois em relação à neurose obsessiva, a psicanálise logo descobriu quais as forças que lutam entre si até que seus conflitos chegam a criar-se uma expressão singular no cerimonial dos atos obsessivos. Nada semelhante havia sido suspeitado do cerimonial religioso, até que, com a referência do sentimento religioso à relação com o pai, como a sua mais profunda raiz, se conseguiu analisar também nesse setor análoga situação dinâmica. Este exemplo advertirá o leitor que a aplicação da psicanálise a setores não médicos pode, pelo menos, ferir prejuízos muito estimados, roçar suscetibilidades profundamente arraigadas e despertar assim hostilidades que têm uma base essencialmente afetiva. Se podemos aceitar como geralmente dadas as relações mais gerais da vida anímica inconsciente (os conflitos dos impulsos instintivos, as repressões e as satisfações substitutivas) e se há uma psicologia abissal que conduza ao conhecimento de tais relações, é de esperar que a aplicação da psicanálise aos mais diversos setores da atividade intelectual humana consiga resultados importantíssimos e até hoje inatingidos. Num estudo rico em conteúdo, Otto Rank e H. Sachs esforçaram-se em determinar em que medida o trabalho dos psicanalistas até 1915 satisfez tais esperanças.

A falta de espaço impede-me de tentar um complemento a essa numeração. Só posso fazer ressaltar o resultado mais importante e expor, em conseqüência dele, alguns detalhes.

Se prescindimos dos impulsos internos pouco conhecidos, podemos dizer que o motor da evolução cultural do homem foi a necessidade real exterior, que lhe negava a satisfação cômoda de suas necessidades naturais e o abandonava a imensos perigos. Essa negação exterior o obrigou a lutar com a realidade, luta cujo desenlace foi em parte uma adaptação, e em parte um domínio dela, e, também, à colaboração e à convivência com os seus semelhantes, à qual veio ajuntar-se a renúncia a vários impulsos instintivos que não podiam ser satisfeitos socialmente. Com os progressos seguintes da cultura cresceram também as exigências da repressão. A civilização se baseia, em geral, na renúncia aos instintos, e cada indivíduo tem de repetir pessoalmente, no seu caminho da infância à madureza, essa evolução da humanidade até a resignação razoável. A psicanálise mostrou que são, predominantemente, senão exclusivamente, impulsos instintivos sexuais os que sucumbem a essa repressão cultural. Parte deles integra a valiosa qualidade de poder ser desviados de seus fins mais próximos e oferecer assim sua energia, como tendências "sublimadas", à evolução cultural. Porém outra parte continua viva no inconsciente, na qualidade de impulsos optativos insatisfeitos e tende a conseguir uma satisfação qualquer, se bem que deformada.

Vimos que uma parte da atividade mental humana dedica-se ao domínio do mundo exterior real. A isso acrescenta a psicanálise que outra parte, singularmente estimada, da criação psíquica se consagra ao cumprimento de desejos, à satisfação substitutiva daqueles desejos reprimidos que desde a idade infantil vivem insatisfeitos na alma de cada um. A essas criações, cuja conexão com um inconsciente inapreensível foi sempre suspeitada, pertencem os mitos, a poesia e a arte, e o trabalho dos psicanalistas lançou realmente viva luz sobre os domínios da mitologia, da literatura e da psicologia do artista.

Essa foi principalmente a obra meritória de Otto Rank. Foi demonstrado que os mitos e as fábulas são, como os sonhos, suscetíveis de interpretação, foram seguidos os intrincados caminhos que conduzem do impulso do desejo inconsciente até a realização na obra de arte, aprendeu-se a compreender a ação afetiva da obra de arte sobre o indivíduo receptivo, explicou-se a afinidade interior do artista com o neurótico, e suas diferenças, e mostrou-se a relação entre sua disposição, suas vivências casuais e sua obra. A avaliação das qualidades artísticas são problemas estranhos à psicanálise. Parece, contudo, que a psicanálise está em situação de dizer a palavra decisiva em todos os problemas relativos à vida imaginativa do homem.

Além disso, a psicanálise descobriu, para assombro nosso, quão ingente papel desempenha na vida anímica do homem o chamado complexo de Édipo, isto é, a relação afetiva da criança com seus pais. Tal assombro se mitiga quando averiguamos que o complexo de Édipo é a correlação psíquica dos fatos biológicos fundamentais da prolongada dependência infantil dos homens e da forma singular em que sua vida sexual alcança, entre os três e os cinco anos, uma primeira culminação, passando a seguir por um período de latência e renovando-se ao iniciar-se a puberdade. Posteriormente se nos revelou que uma terceira etapa, altamente séria, da atividade mental humana, aquela que criou as magnas instituições da religião, o direito, a ética e todas as formas estatais, reponta no fundo auxiliando o indivíduo a vencer o seu complexo de Édipo e a derivar sua libido, das suas vinculações infantis, às vinculações sociais definitivamente desejáveis. As aplicações da psicanálise à ciência das religiões e à sociologia (Freud, Th. Reik e O. Pfister), que conduziram a este resultado, são ainda muito recentes e insuficientemente avaliadas; é indubitável, porém, que estudos posteriores ratificarão a exatidão de suas conclusões.

Como apêndice direi ainda que a pedagogia não poderá omitir o aproveitamento das indicações que lhe subministra a investigação analítica da vida infantil. E que entre os terapeutas houve quem declarasse que a psicanálise oferece novas possibilidades para o tratamento de graves doenças orgânicas, já que em muitas dessas afecções colabora também um fator psíquico sobre o qual é possível influir (Groddeck, Jellife).

Podemos, pois, abrigar a esperança de que a psicanálise, cuja evolução e rendimento até o momento atual acabamos de expor em breve síntese, entrará, como um importante fermento, na evolução cultural dos próximos decênios e ajudará a aprofundar nossa compreensão do mundo e a rechaçar muitas coisas reconhecidamente nocivas. Não se deve esquecer, porém, que por si só não pode formar uma imagem completa do mundo. Se se aceita a diferenciação por mim proposta há pouco, que divide o aparelho anímico num Ego voltado para o exterior e dotado de consciência e um Id inconsciente, dominado por suas necessidades instintivas, a psicanálise deverá ser considerada como uma psicologia do Id (e de sua ação sobre o Ego). Pode, pois, procurar em todos os setores científicos contribuições complementares às da psicologia do Ego. Se essas contribuições contêm com freqüência precisamente o mais importante de um estado de fatos, isso corresponde tão-somente à importância que para nossa vida integra o inconsciente psíquico, que por tanto tempo permaneceu ignorado.

Sistemática

Psicanálise é o nome: 1º) de um método para a investigação de processos anímicos inacessíveis de outro modo; 2º) de um método terapêutico de perturbações neuróticas baseado em tal investigação; e 3º) de uma série de conhecimentos psicológicos assim adquiridos, que vão constituindo paulatinamente uma nova disciplina científica.

História — A melhor maneira de chegar à compreensão da psicanálise é seguir a trajétória da sua gênese e sua evolução. Nos anos de 1880 a 1881, o dr. Josef Breuer, de Viena, conhecido como médico internista e perito em fisiologia experimental, teve submetida a tratamento uma jovem que havia adoecido gravemente de histeria na ocasião em que prestava assistência a seu pai durante uma longa e penosa doença. O quadro patológico se compunha de paralisias motoras, inibições e perturbações da consciência. Seguindo uma indicação da própria doente, muito inteligente, empregou o hipnotismo, e verificou que todas as vezes em que ela lhe comunicava as paixões e as idéias que a dominavam, voltava ao estado psíquico normal. Por meio da repetição conseguiu libertá-la de todas as suas inibições e paralisias, sendo seu trabalho recompensado por um grande êxito terapêutico e por descobertas inesperadas sobre a essência da enigmática neurose. Porém, Breuer se absteve de levar avante sua descoberta, silenciando sobre ela durante quase dez anos, até que, no meu retorno a Viena (1886), depois de obter um curso na clínica de Charcot, consegui convencê-lo a voltar ao tema e trabalhar comigo sobre ele. Anos depois, em 1893, publicamos, em colaboração, uma nota prévia, intitulada *Sobre o mecanismo psíquico dos fenômenos histéricos*, e em 1895 um livro, *Estudos sobre a Histeria*, no qual demos à nossa terapêutica o nome de "método catártico".

A catarse — Das investigações que constituíam a base dos estudos de Breuer e meus se deduziam, preliminarmente, dois resultados: primeiro, que os sintomas histéricos têm um sentido e uma significação, sendo substitutivos de atos psíquicos normais; e segundo, que a descoberta de tal sentido incógnito coincide com a supressão dos sintomas, confundindo-se assim, neste setor, a investigação científica com a terapêutica. As observações tinham sido feitas numa série de doentes tratados como a primeira paciente de Breuer, ou seja, por meio do hipnotismo, e os resultados pareciam excelentes, até que mais adiante tornou-se patente sua debilidade. As hipóteses teóricas que Breuer e eu elaboramos por essa época sofriam a influência das teorias de Charcot sobre a histeria traumática e podiam apoiar-se nos trabalhos do seu discípulo P. Janet, os quais, se bem que publicados antes dos nossos *Estudos*, eram cronologicamente posteriores ao primeiro caso de Breuer. Naquelas nossas hipóteses apareceu, originalmente, em primeiro lugar, o fator afetivo; os sintomas deveriam sua gênese ao fato de que um processo psíquico carregado de intenso afeto visse impedido de algum modo sua descarga pelo caminho normal conducente à consciência e até a motilidade; em conseqüência, o afeto assim reprimido tomava caminhos inadequados e encontrava uma derivação na inervação somática (conversão). Às ocasiões nas quais surgiam tais *representações* patogênicas demos Breuer e eu o nome de *traumas psíquicos*, e como pertenciam muitas vezes a tempos muito recuados, podíamos dizer que histéricos sofriam predominantemente de reminiscências. *A catarse* era, então, levada a cabo no tratamento por meio da abertura do caminho conducente à consciência e à descarga normal do afeto. A hipótese da existência de processos psíquicos *inconscientes* era, como se vê, parte imprescindível de nossa teoria. Também Janet havia trabalhado com atos psíquicos inconscientes; porém, segundo acentuou em polêmicas posteriores contra a psicanálise, isso para ele nada mais era do que uma expressão auxiliar, *une manière de parler*, com a qual não pretendia indicar novos conhecimentos.

Numa parte teórica de nossos *Estudos*, Breuer explanou algumas idéias especulativas sobre os processos de excitação no psíquico, que marcaram uma orientação a investigações futuras, ainda não devidamente realizadas. Com elas encerrou sua investigação neste setor científico, pois dentro em pouco recusou nossa colaboração.

A passagem à psicanálise — Já nos *Estudos* se iniciavam as diferenças entre a maneira de ver de Breuer e a minha. Breuer supunha que as representações patológicas exerciam ação traumática porque haviam surgido em *estados hipnóides*, nos quais a função anímica sucumbe a certas restrições. Eu, ao contrário, repelia tal explicação e acreditava reconhecer que uma representação torna-se patológica quando seu conteúdo repugna às tendências dominantes da vida anímica, provocando assim a *defesa* do indivíduo (Janet havia atribuído aos histéricos uma incapacidade constitucional para a síntese de seus conteúdos psíquicos; neste lugar se separava de seu caminho o de Breuer e o meu). Também as duas inovações, com as quais eu abandonei o terreno de catarse, tinham sido

Freud com seu amigo Fliess.

O famoso divã analítico.

mencionadas nos *Estudos*. Uma vez terminada minha colaboração com Breuer, constituíram o ponto de partida de novos trabalhos.

Renúncia à hipnose — Uma das inovações se baseava numa experiência prática e conduzia a uma modificação da técnica; a outra consistia num adiantamento no conhecimento clínico da neurose. Demonstrou-se em seguida que as esperanças terapêuticas fundadas no tratamento catártico, com auxílio da hipnose, não chegavam, de certo modo, a cumprir-se. A desaparição dos sintomas seguia, desde logo, paralela à catarse, porém o resultado final mostrava-se, não obstante totalmente dependente da relação do paciente com o médico, conduzindo-se assim como um resultado da *sugestão*, e quando tal relação se rompia emergiam de novo todos os sintomas, como se não houvessem encontrado nenhuma solução. Juntava-se a isso que o pequeno número de pessoas suscetíveis de ser submersas em profunda hipnose trazia consigo uma limitação, muito sensível do ponto de vista médico, na aplicação do método catártico. Por todas essas razões tive de me decidir a prescindir do hipnotismo, e certas impressões experimentadas durante sua aplicação forneceram-me os meios de substituí-lo.

A associação livre — O estado hipnótico produziu no paciente uma tal ampliação da capacidade de associação, que ele mesmo sabia encontrar no momento o caminho, inacessível à sua reflexão consciente, do sintoma até às idéias e reminiscências a ele ligadas. A supressão da hipnose parecia criar uma situação sem saída; lembrei-me, porém, da demonstração de Bernheim de que o vivido em estado de sonambulismo só aparentemente era esquecido, e podia ser sempre devolvido à memória consciente do indivíduo, bastando a afirmação imperiosa do médico de que não havia outro remédio senão recordar. Tentei, pois, levar, meus

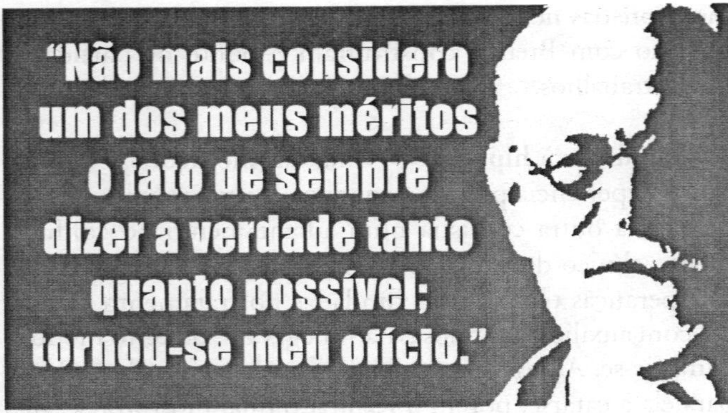

pacientes não hipnotizados a relatarem suas associações, para encontrar, com a ajuda desse material, o caminho conducente ao esquecido ou recalcado. Mais adiante observei que não era preciso exercer grande pressão sobre o indivíduo e que no paciente surgiam quase sempre numerosas associações; o que sucedia é que tais associações eram desviadas da comunicação, inclusive da consciência, por certas objeções que a si mesmo fazia. Da esperança, indemonstrável por essa época e confirmada depois de abundante experiência, de que tudo o que o paciente associara a um certo ponto de partida tinha de se achar também em conexão interna com ele mesmo, resultou a técnica consciente em persuadir o paciente a renunciar a toda atitude crítica e utilizar o material de associações, assim vindo à luz, para a descoberta das conexões procuradas. Uma intensa confiança na determinação estrita do psíquico contribuiu também à adoção desta técnica que teria de substituir o hipnotismo.

A regra técnica fundamental — Esse processo da *associação livre* tem sido mantido desde então, no trabalho psicanalítico, como regra técnica fundamental. Iniciamos o tratamento convidando o paciente a se colocar na situação de um auto-observador atento e desapaixonado, limitando-se a ler a superfície de sua consciência e obrigando-se, em primeiro lugar, a uma absoluta sinceridade, e, em segundo, a não excluir da comunicação nenhuma associação, mesmo que lhe seja desagradável relatá-la ou a julgue insensata, fastidiosa ou impertinente. Demonstra-se regularmente que precisamente aquelas ocorrências que provocam as objeções mencionadas encerram singular valor para o encontro do esquecido.

A psicanálise como arte de interpretação — A nova técnica transformou a tal ponto o efeito do tratamento, criava tão novas relações entre o doente e o médico e proporcionava tantos resultados supreendentes, que pareceu justificado diferenciar da *catarse*, com uma denominação diferente, o novo método assim constituído. Em conseqüência, escolhi para aquele processo terapêutico, que já podia ser extensível a muitas formas de neuroses, o nome de *psicanálise*. Essa psicanálise era, em primeiro lugar, uma arte de intepretação, apresentando-se-lhe o trabalho de aprofundar a primeira das grandes descobertas de Breuer, ou seja, a de que os sintomas neuróticos eram uma substituição plena de sentido de outros atos psíquicos elaborados. Tratava-se agora de utilizar o material que assomava das recordações do paciente como se apontasse a um sentido oculto e adivinhar por ele tal sentido. A experiência mostrou em seguida que o melhor e o mais adequado que o médico analista podia fazer era abandonar-se à sua própria atividade mental inconsciente, conservando-se num estado de atenção; evitar no possível toda reflexão e toda produção de hipóteses conscientes; não querer fixar especialmente na sua memória nada do ouvido, e apreender desse modo, com seu próprio inconsciente, o inconsciente do analisado. Mais adiante observamos, quando as circunstâncias não eram de todo favoráveis, que as recordações do doente iam aproximando-se como alusões e tateios, a um tema determinado, de modo que nos bastava arriscar um pequeno passo para adivinhar o que a ele mesmo ocultava e comunicar-lho. Essa arte de interpretação não podia, desde logo, concretizar-se em regras fixas, e deixava amplo lugar ao tato e à habilidade do médico; porém, unindo a imparcialidade e a prática, chegava-se regularmente a resultados garantidos, isto é, a resultados que se confirmavam pela sua repetição em casos análogos. Numa época em que muito pouco se sabia sobre o inconsciente, sobre a estrutura das neuroses e sobre os processos psíquicos correspondentes, tinha de ser satisfatório poder utilizar tal técnica, mesmo não possuindo fundamentos teóricos mais firmes. E ainda hoje utilizamo-la da mesma forma na análise, com um sentimento de maior segurança e melhor compreensão de suas limitações.

A intepretação dos atos falhos e casuais — Foi um triunfo para a arte da interpretação da psicanálise conseguir demonstrar que certos atos psíquicos muito freqüentes dos homens normais, atos para os quais não se havia encontrado até então nenhuma explicação psíquica, deviam equiparar-se aos sintomas dos neuróticos, possuindo, como eles, um sentido ignorado pelo próprio indivíduo, que podia, porém, ser descoberto sem grande esforço pelo trabalho analítico. Os fenômenos desta ordem: o esquecimento temporário de palavras e nomes perfeitamente conhecidos, o esquecimento de intenções, as equivocações, tão freqüentes, na palestra, na leitura e na escrita, a perda e o extravio temporário de objetos, certos erros, os acidentes aparentemente casuais, e, por último, certos tiques ou movimentos habituais como que sem intenção e por distração, e as melodias que se cantarolam *sem pensar*, etc.; tudo isso era carente de uma explicação psicológica, mesmo quando tentada, sendo, como se demonstrou, rigorosamente determinado e reconhecido como manifestação de intenções, umas das quais era permanente ou momentaneamente inconsciente. Essa contribuição à psicologia possuía um valor extraordinário. O perímetro da determinação psíquica ficou assim insuspeitadamente ampliado, e diminuído o suposto abismo entre o suceder psíquico normal e o patológico. Em muitos casos se conseguiu penetrar facilmente no dinamismo das forças psíquicas que sabíamos existir por trás de tais fenômenos. Por último, conseguimos um material apropriado como nenhum outro para aceitar a existência de atos psíquicos inconscientes, inclusive para aqueles a quem a hipótese de um sistema psíquico inconsciente era uma coisa inaceitável e absurda. O estudo dos próprios atos falhos e casuais, para o qual se nos oferece a todos ocasião constante, é atualmente a melhor preparação a uma penetração na psicanálise. A interpretação dos atos falhos ocupa no tratamento analítico um posto como meio para a descoberta do inconsciente, ao lado da interpretação das associações livres, muito mais importante.

A interpretação dos sonhos — A aplicação da técnica da associação livre aos sonhos — aos próprios ou aos dos pacientes submetidos a análise — abriu um novo acesso aos abismos da vida psíquica. Na realidade, o mais e o melhor que dos processos desenrolados nos estratos psíquicos inconscientes sabemos, nos foi revelado pela interpretação dos sonhos. A psicanálise devolveu aos sonhos a significação de que gozaram na Antiguidade, porém procede com eles de outro modo. Não se confia ao engenho do onirocrítico, pelo contrário transfere o trabalho, na sua maior parte, ao indivíduo que sonha, interrogando-o sobre suas associações aos diferentes elementos dos sonhos. Perseguindo essas associações chega-se ao conhecimento de idéias que correspondem por completo ao sonho, porém que se deixam reconhecer — até um certo ponto — como fragmentos plenamente compreensíveis da atividade psíquica desperta. Desse modo, ao sonho recordado como *conteúdo onírico manifesto* defrontam-se as *idéias oníricas latentes*, descobertas por meio da interpretação. O processo que transformou estas últimas no primeiro, ou seja, no "sonho", pode ser qualificado de *elaboração do sonho*.

Às idéias latentes do sonho damos também, por sua relação com a vida desperta, o nome de *restos diurnos*. A elaboração onírica, a que seria equivocado atribuir um caráter "criador", as *condensa* de um modo singular, as *deforma* por meio do *deslocamento* de intensidades psíquicas e as dispõe para sua *representação em imagens visuais*. Além disso, antes de ficar constituído o sonho manifesto, as idéias latentes são submetidas a uma *elaboração secundária* que tenta dar ao novo produto algo como sentido e coerência. Este último processo já não pertence propriamente à elaboração do sonho.

Teoria dinâmica da produção dos sonhos — Não nos foi muito difícil descobrir o dinamismo dos sonhos. A força motriz da produção dos sonhos não é subministrada pela idéias latentes ou restos diurnos e sim por uma tendência inconsciente, reprimida durante o dia, com a qual puderam enlaçar-se os restos diurnos e que visa a obter, com o material das idéias latentes, o *cumprimento de um desejo*. Desse modo, todo sonho é, por um lado, um cumprimento de desejos do inconsciente, e por outro, enquanto consegue preservar de perturbação o estado de repouso, um cumprimento do desejo normal de dormir. Prescindindo da colaboração inconsciente à produção do sonho e reduzindo estes a suas idéias latentes, pode representar tudo o que ocorreu na vida desperta: uma reflexão, uma advertência, ou também a satisfação de um desejo não realizado. A singularidade e o absurdo do sonho manifesto é, por um lado, a conseqüência da condução das idéias do sonho a uma forma expressiva diferente que pode ser qualificada de *arcaica* e, também, por outro, o efeito de uma instância restritiva e crítica, que atua mesmo durante o repouso. Não é muito arriscado supor que essa "censura do sonho", que responsabilizamos, em primeiro lugar, pela deformação que converte as idéias latentes no sonho manifesto, é uma manifestação das mesmas forças psíquicas que durante o dia haviam *reprimido* o impulso optativo inconsciente.

Valia a pena penetrar mais na explicação dos sonhos, pois o trabalho analítico mostrou que o dinamismo da produção onírica é o mesmo que atua na produção de sintomas. Aqui como ali descobrimos uma luta entre duas tendências, uma inconsciente, além disso reprimida, que tende a conseguir satisfação — cumprimento de desejos — e outra que repele e reprime, pertencente provavelmente ao Ego; e como resultado desse conflito encontramos um produto transacional — o sonho, o sintoma — no qual ambas as tendências encontraram uma expressão incompleta. A importância teórica dessa coincidência é evidente. Como o sonho não é um fenômeno patológico, tal coincidência nos prova que os mecanismos psíquicos que geram os sintomas patológicos já existem, realizados na vida psíquica normal, que a mesma normatividade abarca o normal e o anormal e que os resultados da investigação dos neuróticos e dementes não podem ser indiferentes à compreensão da psique normal.

O simbolismo — No estudo da forma expressiva criada pela ebaboração dos sonhos tropeçamos com o fato surpreendente de que certos objetos, atos e relações são representados indiretamente no sonho por meio de "símbolos" que o indivíduo emprega sem conhecer sua significação e com respeito aos quais não procura, geralmente, nenhuma associação. Sua tradução tem de ser levada a cabo pelo analista, o qual, por sua vez, só empiricamente, por meio de inserções experimentais no contexto, pode encontrá-la. Mais tarde verificamos que os usos da linguagem, a mitologia e o folclore integraram abundantes analogias com os símbolos oníricos. Os símbolos, aos quais se enlaçam interessantíssimos problemas, ainda não resolvidos, parecem ser o fragmento de uma herança psíquica antiqüíssima. A comunidade dos símbolos ultrapassa a comunidade de linguagem.

A significação etiológica da vida sexual — A segunda novidade surgida ao substituir a técnica hipnótica pela associação livre foi de natureza clínica e se nos revelou ao continuar a investigação dos eventos traumáticos dos quais pareciam derivar os sintomas histéricos. Quanto mais cuidadosamente levávamos a cabo essa investigação, mais abundante se nos revelava o encandeamento de tais impressões de significação etiológica e mais se remontavam à puberdade ou à meninice do neurótico. Simultaneamente tomaram um caráter unitário e, por último, tivemos de nos render à evidência e reconhecer que na base de toda a produção de sintomas existiam impressões traumáticas procedentes da vida sexual mais precoce.

O trauma sexual se substituiu assim ao trauma banal e este último devia sua significação etiológica à sua relação simbólica ou associativa com o primeiro e precedente. Dado que a investigação simultaneamente empreendida de casos de nervosidade corrente, classificados como de *neurastenia* e *neurose de angústia*, trouxe a conclusão de que tais perturbações podiam ser referidas a abusos atuais na vida sexual e curadas simplesmente com evitá-los, não era arriscado deduzir que as neuroses eram, em geral, manifestações de perturbações da vida normal: as chamadas *neuroses atuais*, a manifestação (quimicamente facilitada) de danos presentes, e as *psiconeuroses*, a manifestação (psiquicamente elaborada) de danos muito recuados, de tal função, tão importante fisiologicamente e tão lamentavelmente desatendida pela ciência. Nenhumas das teses da psicanálise encontrou tão obstinada incredulidade nem resistência tão tenaz como essa da magna importância etiológica da vida sexual para as neuroses. Devemos, também, fazer constar que, através de toda sua evolução e até hoje, a psicanálise não encontrou nenhum motivo para retirar tal afirmação.

A sexualidade infantil — A investigação etiológica levou a psicanálise a ocupar-se de um tema cuja existência era apenas suspeitada antes dela. A ciência havia-se habituado a fazer coincidir a vida sexual com a puberdade e a julgar como raros sinais de precocidade e degeneração as manifestações de uma sexualidade infantil. Porém, a psicanálise descobriu uma plenitude de fenômenos tão singulares como regulares, que forçavam a fazer coincidir o início da função sexual da criança quase com o princípio de sua vida extra-uterina, e nos perguntamos surpreendidos como havia sido possível não observá-lo. As primeiras observações da sexualidade infantil nos foram fornecidas, certamente, pela investigação analítica de indivíduos adultos e continham, portanto, todas as dúvidas e todos os defeitos inerentes a uma revisão tão tardia; porém, quando mais tarde (a partir de 1908) iniciamos a análise de indivíduos infantis, neles comprovamos, diretamente, nossa tese.

A sexualidade infantil mostrava sob alguns aspectos um quadro diferente da dos adultos e surpreendia por integrar numerosos aspectos daquilo que nos adultos é qualificado de "perversão". Houve necessidade de ampliar o conceito do sexual até fazê-lo abranger mais do que a tendência à união dos dois sexos no ato sexual ou a provocação de determinadas sensações de prazer nos genitais. Essa ampliação era recompensada pela possibilidade de compreender unitariamente a vida sexual infantil, a normal e a perversa.

Minha investigação analítica caiu primeiro no erro de subestimar a sedução ou iniciação sexual como fonte das manifestações sexuais infantis e origem da produção de sintomas neuróticos. A superação desse erro foi conseguida ao descobrir o papel extraordinário que na vida psíquica dos neuróticos desempenhava a *fantasia*, francamente mais decisivo para a neurose que a realidade exterior. Por trás dessas fantasias emergiu a seguir o material que permite desenvolver a exposição seguinte da evolução da função sexual.

A evolução da libido — O instinto sexual, cuja manifestação dinâmica na vida anímica é que denominamos "libido", se compõe de instintos parciais, nos quais pode também se decompor de novo, e que só paulatinamente vão unindo-se para formar determinadas organizações. Fontes desses instintos parciais são os órgãos somáticos, especialmente certas *zonas erógenas*, porém, todos os processos funcionais importantes do soma trazem também sua parte à libido. Os diferentes instintos parciais tendem a princípio independentemente uns dos outros à satisfação, porém, no curso da evolução, ficam cada vez mais sintetizados e centralizados. O primeiro estádio da organização (pré-genital) da libido é o oral, no qual, correlativamente ao interesse capital da criança de peito, é a *zona bucal* a que desempenha o papel principal. Em continuação vem a organização *sádico-anal*, na qual resultam especialmente o instinto parcial do *sadismo* e a *zona anal*; a diferença dos sexos é representada nessa fase pela antítese de atividade e passividade. O último e definitivo estádio de organização é a síntese da maioria dos instintos parciais sob a *primazia das zonas genitais*. Essa evolução se desenvolve geralmente com grande rapidez e discrição, mas partes isoladas dos instintos permanecem detidas nos estádios anteriores ao desenlace final e produzem assim as *fixações* da libido, muito importantes como disposições a posteriores transgressões das tendências reprimidas e que integram uma determinada relação com o desenvolvimento de ulteriores neuroses e perversões. (Veja-se mais adiante "Teoria da libido".)

O achado de objeto e o complexo de Édipo — O instinto parcial oral encontra a princípio sua satisfação por ocasião do apaziguamento da necessidade de alimentação e seu ob-

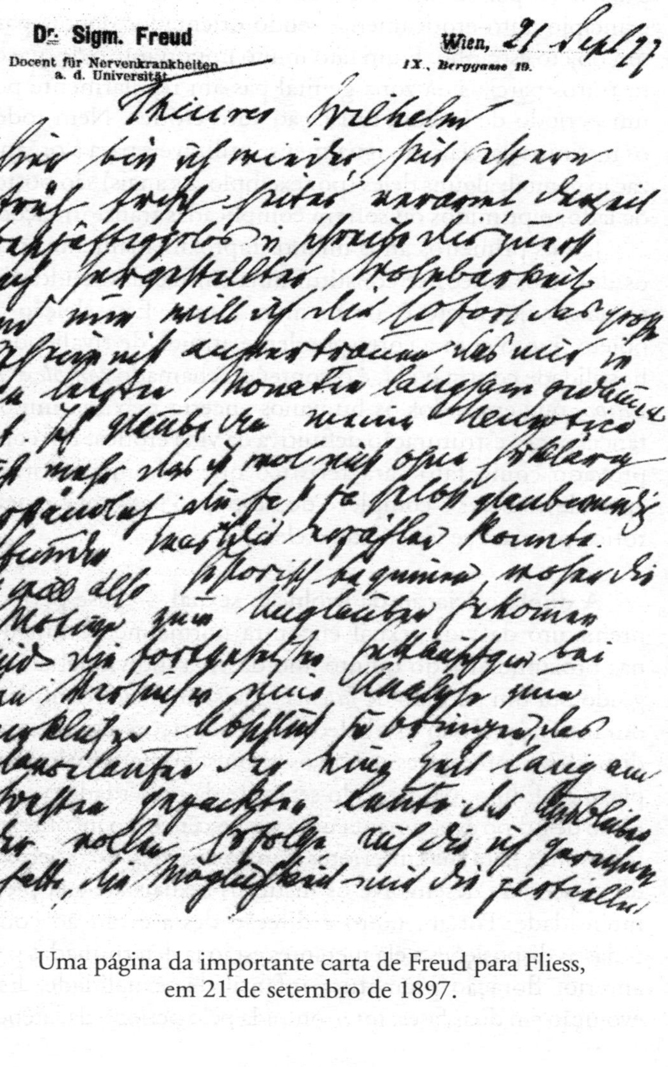

Dr. Sigm. Freud
Docent für Nervenkrankheiten
a. d. Universität

Wien, 21 Sept 97
IX., Berggasse 19.

Theuerer Wilhelm
Hier bin ich wieder seit gestern früh frisch heiter verarmt derzeit beschäftigungslos u schreibe Dir zuerst nach hergestellter Wohnbarkeit. Und nun will ich Dir sofort das große Geheimnis anvertrauen das mir in den letzten Monaten langsam gedämmert hat. Ich glaube an meine Neurotica nicht mehr. Das ist wohl nicht ohne Erklärung verständlich; Du hast ja selbst glaubwürdig gefunden was ich Dir erzählen konnte. Ich will also historisch beginnen woher die Motive zum Unglauben gekommen sind. Die fortgesetzten Enttäuschungen bei den Versuchen meine Analyse zum wirklichen Abschluß zu bringen, das Davonlaufen der eine Zeit lang am besten gepackten Leute, das Ausbleiben der vollen Erfolge auf die ich gerechnet hatte, die Möglichkeit mir die partiellen

Uma página da importante carta de Freud para Fliess, em 21 de setembro de 1897.

jeto no peito materno. A seguir, torna-se independente e, ao mesmo tempo, *auto-erótico*, isto é, encontra seu objeto no próprio corpo. Também os instintos parciais se conduzem a princípio auto-eroticamente sendo orientados depois para um objeto estranho. É um fato muito importante o de que os instintos parciais da zona genital passam regularmente por um período de intensa satisfação auto-erótica. Nem todos os instintos parciais são igualmente utilizáveis para a organização genital; alguns deles (por exemplo, os anais) são postos de lado, reprimidos ou sofrem complicadas transformações.

Já nos primeiros anos infantis (aproximadamente entre os dois e os cinco) se constitui uma síntese das tendências sexuais, cujo objeto é, no menino, a mãe. Essa eleição de objeto, junto com a correspondente atitude de rivalidade e hostilidade contra o pai, é o conteúdo chamado *complexo de Édipo*, que em todos os humanos encerra máxima importância para a estruturação definitiva da vida erótica. Foi comprovado como fato característico que o homem normal aprende a vencer o complexo de Édipo, ao passo que o neurótico permanece vinculado a ele.

A dupla iniciação da evolução sexual — Esse período prematuro da vida sexual encontra normalmente um fim nas proximidades do quinto ano da vida individual e é seguido por um período de *latência* mais ou menos completo, durante o qual são estabelecidas as restrições éticas como dispositivos protetores contra os impulsos optativos do complexo de Édipo. No período seguinte da puberdade o complexo de Édipo experimenta uma revivescência no inconsciente e avança para suas ulteriores transformações. Só o período da puberdade desenvolve os instintos sexuais até sua plena intensidade. Porém, tanto a direção dessa evolução como todas as disposições a ela inerentes estão já determinadas pela anterior floração prematura infantil de sexualidade. Essa evolução em duas fases, interrompida pelo período da latência

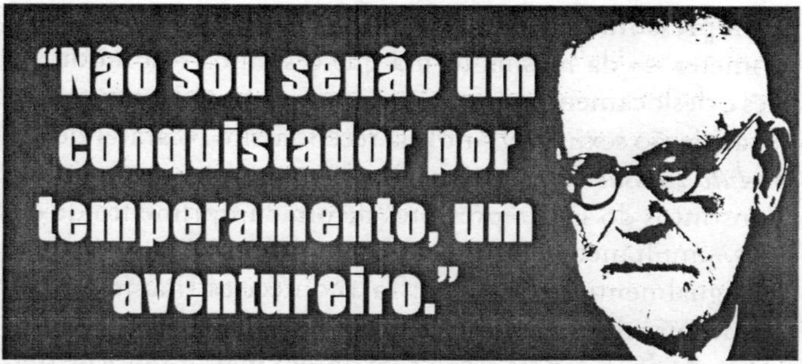

de função sexual, parece ser uma peculiaridade biológica da espécie humana e conter a condição da gênese das neuroses.

A teoria da repressão — A reunião desses conhecimentos teóricos com as impressões imediatas do trabalho analítico conduz a uma concepção das neuroses que, exposta em largos traços, seria a seguinte: as neuroses são a expressão de conflitos entre o Ego e aquelas tendências sexuais que o Ego acha incompatíveis com sua integridade ou com suas exigências éticas. O Ego *reprimiu* tais tendências, isto é, lhes retirou seu interesse e impediu-lhes o acesso à consciência e descarga motora conducente à satisfação. Quando no trabalho analítico tentamos tornar conscientes esses impulsos inconscientes, fazem-se-nos sentir as forças *repressoras* na qualidade de *resistência*. Porém, a função da repressão falha com singular facilidade quanto aos instintos sexuais. Então libido reprimida se cria, partindo do inconsciente, outros exutórios, *retrocedendo* a fases evolutivas e objetos anteriores e aproveitando as fixações infantis, ou seja, os pontos débeis da evolução da libido, para obter acesso à consciência e conseguir derivação. O que assim nasce é um *sintoma* e, portanto, no fundo, uma satisfação substitutiva sexual, mas, tampouco o sintoma pode subtrair-se por completo à influência das forças repressoras do Ego e, em conseqüência, tem de se submeter — da mesma forma que o sonho — a modificações e deslocamentos que tornam irreconhecíveis seu caráter de satisfação sexual. O sintoma recebe assim o caráter de um *produto transacional* entre os instintos sexuais reprimidos e os instintos do Ego repressores de um cumprimento de desejos, simultâneo para ambas as partes, porém, também para elas, igualmente incompleto. Tal acontece estritamente com os sintomas de histeria, ao passo que nos da neurose obsessiva a parte da instância repressora obtém mais intensa expressão por meio da formação de produtos de reação (garantidas contra a satisfação sexual).

A transferência — Se a tese de que as forças motoras da produção de sintomas neuróticos são de natureza sexual necessitasse ainda de prova mais ampla, a encontraria no fato de que no curso do tratamento analítico se estabelece uma relação objetiva especial do paciente com o médico, que ultrapassa toda medida racional; varia desde o mais carinhoso abandono à hostilidade mais tenaz e toma do paciente todas as suas peculiaridades de atitudes eróticas anteriores, tornadas inconscientes. Essa *transferência*, que tanto em sua forma positiva como em sua forma negativa entra a serviço da *resistência*, se converte, nas mãos do médico, no meio auxiliar mais poderoso do tratamento e desempenha no dinamismo do processo de cura um papel de extrema importância.

Os pilares mestres da teoria psicanalítica — A hipótese da existência de processos psíquicos inconscientes, o reconhecimento da teoria da resistência e da repressão, a valorização da sexualidade e do complexo de Édipo são os conteúdos capitais da psicanálise e os fundamentos da sua teoria, e quem não os aceita a todos não devia contar-se entre os psicanalistas.

Destinos ulteriores da psicanálise — A psicanálise atingiu o desenvolvimento descrito até aqui pelo meu trabalho pessoal através de um decênio, durante o qual fui eu o único psicanalista. No ano de 1906 começaram os psiquiatras suíços E. Bleuler e C. G. Jung a tomar parte ativa na análise. Em 1907 celebrou-se em Salzburgo uma primeira reunião de seus adeptos, e pouco depois chegou nossa jovem ciência a constituir um centro de atenção, tanto dos psiquiatras como dos profanos. A acolhida que encontrou na Alemanha, ansiosa sempre de autoridade, não foi certamente nada gloriosa para a ciência alemã, levando um partidário tão frio como Bleuler a tomar energicamente sua defesa. Porém, todas as condenações oficiais não foram suficientes para deter o crescimento interno e a difusão externa da psicanálise, a qual, no curso dos dez anos seguintes, ultrapassou as fronteiras da Europa e se tornou especialmente popular nos Estados Unidos, para o que contribuiu em grande parte a colaboração de J. Putnam (Boston), Ernest Jones (Toronto e depois Londres), Flournoy (Genebra), Ferenczi (Budapeste), Abraham (Berlim) e muitos outros. O anátema declarado sobre a psicanálise levou seus adeptos a reunir-se numa organização internacional, que no ano corrente (1922) realizou em Berlim seu oitavo Congresso privado e compreende hoje os grupos locais de Viena, Budapeste, Berlim, Holanda, Zurique, Londres, Nova York, Calcutá e Moscou. Tampouco a guerra interrompeu essa evolução. Em 1918-1919 o dr. Anton von Freund (Budapeste) fundou a editora "Internationaler Psychoanalytischer Verlag", que publica os livros e revistas consagradas à psicanálise. Em 1920 foi criada pelo dr. Max Eitingon a primeira "Policlínica psicanalítica", consagrada ao tratamento dos enfermos nervosos pobres. As traduções de minhas obras principais para o francês, o italiano e o espanhol testemunham o despertar do interesse pela psicanálise também no mundo romântico. De 1911 a 1913 se desviaram da psicanálise duas ramificações manifestamente tendentes a mitigar o que nela constituía a pedra de escândalo. Uma delas, iniciada por C. G. Jung, tentava dar satisfação a aspirações éticas, despojando o complexo de Édipo de seu valor real por meio de uma transmutação simbólica e abandonando na prática a descoberta do período infantil esquecido, que poderíamos chamar "pré-histórico". A outra, cujo iniciador foi Alfred Adler, de Viena, apresenta vários fatores da psicanálise sob outros nomes, por exemplo, a repressão, sexualizada, como "protesto masculino"; porém, no resto prescindia do inconsciente e dos instintos sexuais e tentava relacionar tanto o caráter como a evolução das neuroses à vontade de poder, a qual tenderia a deter por meio de uma supercompensação os perigos decorrentes de inferioridades orgânicas. Nenhuma dessas ramificações, construídas sob a forma de sistema, influiu duradouramente sobre a evolução da psicanálise: a de Adler, viu-se logo, claramente, nada tinha a ver com a psicanálise, a qual queria substituir.

Novos progressos da psicanálise — Desde que a psicanálise chegou a ser o tema do trabalho de um tão amplo número de observadores, ganhou em riqueza e profundidade com as contribuições a que sentimos não poder dedicar maior espaço.

O narcisismo — Seu progresso teórico mais importante foi a aplicação da teoria da libido ao Ego repressor. Chegou-se a representar o mesmo Ego como um depósito de libido — denominada narcisista — do qual partem as cargas de libido dos objetos e ao qual podem elas retornar. Com a ajuda dessa representação tornou-se possível chegar à análise do Ego e levar a cabo a diferenciação clínica das psiconeuroses em *neuroses de transferência* e *afecções narcisistas*. Nas primeiras (histeria e neurose obsessivas) há disponível uma quantidade de libido tendente à sua transferência a outros objetos, a qual a libido é utilizada para a prática do tratamento analítico. As perturbações narcisistas (*dementia praecox*, paranóia e melancolia) se caracterizam, em troca, pela retração da libido dos objetos e são, portanto, apenas acessíveis à terapêutica analítica. Essa insuficiência terapêutica não impediu, sem embargo, à análise atuar na mais funda compreensão das doenças atribuídas a essas psicoses.

Modificação da técnica — Uma vez que o desenvolvimento da arte de interpretar satisfaz, por assim dizer, a ânsia de saber do analista, tornou-se objeto do seu interesse o problema de conhecer os caminhos pelos quais se podia alcançar o influxo mais adequado sobre o paciente. Não tardou em ficar demonstrado que a primeira tarefa do médico devia ser a de ajudar o paciente a descobrir e logo dominar as *resistências* nele emergentes durante o tratamento, das quais não tem, a princípio, consciência. Também se descobriu simultaneamente que a parte principal do trabalho terapêutico residia na superação dessas resistências e que sem ela tornava-se impossível conseguir uma modificação psíquica duradoura do consciente. Desde que o trabalho do analista se orienta assim para a resistência do paciente, a técnica analítica adquiriu uma sutileza e uma concreção comparáveis às da Cirurgia. Não é, pois, lícito empreender tratamentos psicanalíticos sem uma preparação analítica fundamental, e o médico que a isso se aventura sem maior bagagem que seu título profissional expedido pelo Estado, nada mais é que um profano.

A psicanálise como método terapêutico — A psicanálise não pretendeu jamais ser uma panacéia nem fazer milagres. Dentro de um dos setores mais árduos da atividade médica, é para algumas doenças o único método possível, e, para outras, o que melhor e mais duradouros resultados proporciona, apesar do gasto proporcional de trabalho e de tempo. O médico que não limita seu interesse à terapêutica, vê também recompensado seu trabalho por insuspeitados achados

Lou Andreas-Salomé, a amiga mais íntima dos últimos vinte e cinco anos da vida de Freud.

na trama da vida anímica e nas relações entre os psíquico e o somático. Ali onde, por ora, não pode oferecer mais do que compreensão teórica, inicia quiçá o caminho de um ulterior influxo direto sobre as perturbações neuróticas. Seu campo de ação é constituído, sobretudo, pelo das neuroses de transferência, a histeria e a neurose obsessiva, cuja estrutura inteira e cujos mecanismos contribuíram para a descobrir, e além delas, por toda classe de fobias, inibições, transtornos do caráter, perturbações da vida erótica. Segundo alguns analistas, tampouco carece de possibilidades favoráveis o tratamento analítico de doenças manifestamente orgânicas (Jelliffe, Groddeck, Felix Deutsch), pois não é raro que um fator psíquico participe na gênese e na persistência de tais afecções. Como a psicanálise exige de seus pacientes uma certa dose de plasticidade, tem de se ater, em sua seleção, a determinados limites de idade; e como necessite de uma longa e intensa ocupação com cada doente, seria antieconômico dissipar tal esforço com indivíduos falhos de todo o valor e além do mais neuróticos. A experiência adquirida através do material policlínico ensinará quais as modificações necessárias para tornar acessível a terapêutica psicanalítica a setores populares mais amplos e adaptá-la a inteligências mais inferiores.

Sua comparação com os métodos hipnóticos e sugestivos — O método psicanalítico se diferencia de todos os sugestivos, persuasivos, etc., porque não tenta dominar autoritariamente nenhum fenômeno psíquico do indivíduo. Procura descobrir a causa do fenômeno e suprimi-lo por meio de uma modificação duradoura de suas condições genéticas. A inevitável influência sugestiva do médico é orientada na psicanálise para a superação das resistências, tarefa encomendada ao próprio paciente. Contra o perigo de falsear, por sugestão, os dados mnêmicos do indivíduo, nos protegemos por meio do manejo prudente da técnica. Porém, em geral, precisamente a emergência das resistências nos protege contra uma possível ação indesejável da influência sugestiva. A finalidade do tratamento consiste em proporcionar ao indivíduo, por meio da supressão das resistências e o exame de suas repressões, a mais completa unificação e o máximo robustecimento possível do seu Ego, economizando-lhe o dispêndio psíquico exigido pelos conflitos internos, dele fazer o melhor que possa ser em relação a suas disposições e capacidades, e torná-lo, assim, capaz de produzir e gozar. A supressão dos sintomas não é considerada como um fim especial; sempre, porém, se consegue, desde que a análise seja devidamente empregada, como um resultado acessório. O analista respeita as características individuais, não procura modificálas de acordo com os seus próprios ideais, e lhe é mui grato evitar dar conselhos, despertando em troca a iniciativa do analisado.

Sua relação com a psiquiatria — A psiquiatria é atualmente uma ciência essencialmente descritiva e classificadora, de orientação ainda mais somática que psicológica, e carente de possibilidades de explicação dos fenômenos observados. A psicanálise, porém, a ela não se contrapõe, como poderia acreditar-se pela atitude quase geral dos psiquiatras. Como *psicologia abissal*, como psicologia dos processos anímicos subtraídos à consciência, está destinada a proporcionar à psiquiatria uma subestrutura imprescindível e ajudá-la a superar suas limitações atuais.

O porvir criará seguramente uma psiquiatria científica, a qual terá servido de introdução à psicanálise.

Críticas e interpretações erradas da psicanálise — A maior parte do que, inclusive em obras científicas, se opôs à psicanálise, repousa numa informação insuficiente, a qual parece, por sua vez, fundada em resistências afetivas. Assim, é errôneo acusar a psicanálise de *pansexualismo* e pretender atribuir-lhe a assertiva de que todo o suceder anímico deriva da sexualidade e a ela se refere. A psicanálise, pelo contrário, diferenciou os instintos sexuais de outros aos quais provisoriamente denominou *instintos do Ego*. Jamais lhe ocorreu querer explicar tudo, e nem sequer fez derivar a neurose exclusivamente da sexualidade, mas sim do conflito entre as tendências sexuais e o Ego. O termo *libido* não significa em psicanálise (salvo nos trabalhos de C. J. Jung) simplesmente energia psíquica, porém, a força motora dos instintos sexuais. Certas afirmações, como a de que todo sonho é um cumprimento de desejos sexuais, não foram jamais assentadas. A censura de unilateralidade que se faz à psicanálise, a qual, como ciência do *inconsciente psíquico*, tem seu domínio determinado e limitado, é tão inadequada como se fora dirigida à química. Outro lamentável erro de interpretação, que só se pode atribuir à ignorância, é o de supor que a psicanálise espera a cura das afecções neuróticas pela *livre expansão* da sexualidade. A apresentação dos desejos sexuais à consciência, conseguida pela análise, torna possível o domínio deles, inalcançável anteriormente, em virtude de repressão. Pode-se dizer, com segurança, que a análise liberta o neurótico dos liames da sua sexualidade. Além disso, é absolutamente anticientífico perguntar se a psicanálise pode chegar a deitar por terra a religião, a autoridade e a moral, posto que, como toda ciência, não tem nada de tendenciosa e seu único propósito é apreender exatamente uma parte da realidade. Por último, se nos afigura uma tolice o temor de que os pretendidos bens supremos da humanidade — a investigação, a arte, o amor e os sentimentos morais e sociais —, possam perder o seu valor ou sua dignidade porque a psicanálise está em situação de mostrar sua procedência de impulsos instintivos elementares animais.

Aplicações e relações não médicas da psicanálise — Nossa exposição da psicanálise seria incompleta se omitíssemos dizer que é a única disciplina médica que mantém amplíssimas relações com as ciências do espírito, e está em via de obter, em relação à história da religião e da cultura, a mitologia e a literatura, a mesma significação que quanto à psiquiatria. Isso poderia encher de assombro se levarmos em conta que originariamente não tinha outro fim senão a compreensão e a influenciação dos sintomas neuróticos. Não é, porém, muito difícil mostrar em que ponto da sua evolução foi lançada a ponte que a uniu às ciências do espírito. Quando a análise dos sonhos procurou formar um juízo dos processos anímicos inconscientes e mostrou que os mecanismos que criam os sintomas patológicos atuam também na vida psíquica normal, a psicanálise se converteu em *psicologia abissal* e, como tal, capaz de aplicação às ciências do espírito, pode resolver uma multidão de problemas ante os quais a psicologia oficial dos processos conscientes tinha de se deter perplexa. Rapidamente se estabeleceram as relações com a filogênese humana. Descobriu-se quão freqüentemente a função patológica não é mais que uma regressão a uma fase evolutiva anterior à normal. C. G. Jung foi o primeiro a assinalar expressamente a surpreendente coincidência entre as fantasias dos doentes de *dementia praecox* e os mitos dos povos primitivos. Por minha parte, chamei a atenção sobre o fato de que os dois impulsos optativos que compõem o complexo de Édipo coincidem intrinsecamente com as duas proibições do *totemismo* (a de matar o patriarca e de casar-se com mulher da mesma linhagem), e dele deduzi amplas conclusões. A significação do complexo de Édipo começou a crescer de um modo gigantesco. Surgiu a suspeita de que a ordem estatal, a moral, o direito e a religião haviam surgido ao mesmo tempo na época primitiva da humanidade como produtos da reação ao complexo de Édipo. Otto Rank lançou viva luz sobre a mitologia e a história da literatura com a aplicação das descobertas psicanalíticas, e o mesmo fez Th. Reik sobre a história das realizações e os costumes. O sacerdote O. Pfister, de Zurique, despertou o interesse dos pastores de almas e dos pedagogos, e fez compreender o valor dos pontos de vista psicanalíticos para a pedagogia. Não é este o lugar propício para estender-nos sobre essas aplicações da psicanálise; basta a observação de que à sua extensão não há limites.

Caráter da psicanálise como ciência empírica — A psicanálise não é um sistema como os filosóficos, que parta de uns tantos conceitos fundamentais precisamente definidos e tente com eles apreender a totalidade do universo e, uma vez elaborado e concluído, não ofereça espaço a novos achados e melhores conhecimentos. Ajusta-se, pelo contrário, aos fatos do seu campo de ação, procura resolver os problemas mais imediatos da observação, explora sem abandonar o apoio da experiência, considera-se sempre imperfeita e está sempre disposta a retificar ou substituir suas teorias. Tolera tão bem quanto a física ou a química que seus conceitos superiores sejam obscuros e suas hipóteses, provisórias, e espera dos futuros trabalhos uma definição mais precisa desses conceitos superiores.

(Fonte: *Obras Completas de Sigmund Freud*, Editora Delta, vol. X, Rio de Janeiro, 1970.)

Freud e seu inseparável charuto, em 1921.

Recordando o fundador

Peter Gay

A psicanálise tem sido submetida às críticas mais severas, entre as quais a do dogmatismo e a da incoerência são as mais persistentes. Mas a primeira delas é injusta e a segunda exagerada. A obra a que Freud consagrou sua vida, lida cronologicamente, revela a psicanálise como uma ciência jovem em fluxo, como um mapeamento feito e refeito de um terreno pouco familiar. Tanto para o público culto, homens e mulheres, que Freud sabia que permaneceriam afastados do divã analítico, como para os seus colegas psicanalistas, ele dramatizou o espetáculo de uma procura, de uma pesquisa contínua e sedenta por novas descobertas e receptiva a uma revisão drástica. A literatura didática psicanalítica, que Freud iniciou de uma forma poderosa, nunca poderia servir como um substituto completo da experiência íntima e distinta de se submeter a uma psicanálise, mas poderia colocar o historiador dentro dos limites de reconhecimento do que Freud e seus seguidores pensaram sobre o funcionamento da mente humana.

(...) No entanto, mesmo o historiador que aprende sobre a psicanálise apenas a partir da literatura não pode deixar de constatar o espantoso alcance da percepção freudiana, o seu dom sem paralelos para encontrar provas, fazer combinações e antecipar objeções. Portanto, é obrigado a reconhecer que a posição ocupada por Freud na disciplina que fundou é excepcional, como o são as técnicas que ela utiliza. As condições sob as quais Freud fez as suas descobertas memoráveis são completamente diferentes e bastante inauspiciosas: um neurologista ambicioso que falhou mais de uma vez em ficar famoso, um médico respeitável que tinha diversas curas para recomendá-lo afastou-se, com relutância, na verdade, com dor, para longe das suas perspectivas médicas de partida. Freud poderia ter testado o estratagema da resistência, sobre o qual falaria tanto mais tarde nos seus artigos clínicos, em si mesmo. Fortemente contra a sua vontade, desconsiderou as interpretações fisiológicas dominantes sobre os eventos mentais e as hipóteses aceitas sobre a doença mental a favor das suas proposições escandalosas. Há boas provas de que não se sentia bem nem com a etiologia sexual das neuroses nem com a disposição sexual das crianças. Encontrou o seu caminho pela observação intensa de seus pacientes, que lhe ensinaram muito. E atravessou a cortina de fumaça das boas razões para olhar de relance para as razões reais através de uma auto-análise sem precedentes. Não dispunha de nenhum modelo para exploração corajosa dos seu estados internos, sonhos, associações, desejos e medos, mas tinha de inventá-los e prosseguir, e ao assimilar os seus resultados fez uma descoberta aterradora após outra.

(...) Os biógrafos ansiosos em pôr fim às alegações freudianas têm documentado a sua dependência em relação aos sexólogos de sua época e ao seu amigo Fliess, mas têm sido incapazes de erradicar, ou mesmo de comprometer, o "mito" de Freud como o fundador. Na verdade, Freud, mesmo que tenha se permitido alguns exageros questionáveis, antecipou-se a eles. Foi um leitor insuperável da literatura científica: o capítulo de abertura da *Interpretation of dreams* é uma revisão bibliográfica abrangente, em todos os aspectos generosa, tanto da antiga quanto da recente: o seu *Three essays on sexuality* arrola, na primeira página, não menos do que nove estudiosos contemporâneos da sexualidade cujos escritos estudou; o seu livro sobre chistes assinala quatro escritores sobre humor cujas publicações foram importantes para a sua própria, em particular o filósofo Theodor Lipps, cujo estudo recente sobre o chiste lhe havia dado, ele reconhecia generosamente, "a coragem e a possibilidade de comprometer-se com este ensaio". Nos seus artigos retrospectivos, nos próprios nomes que deu aos seus filhos, Freud com gratidão imortalizou esses débitos. De fato, estava preparado para qualificar a sua reivindicação de se intitular fundador da psicanálise; o crédito por tê-la concebido, escreveu mais de uma vez, deveria ir para Josef Breuer. Freud era um gigante apoiando-se sobre os ombros de homens altos. Sua originalidade foi, como sempre ocorre, um composto: incluiu reconhecer as implicações do trabalho de seus predecessores e segui-las até o fim — teve a coragem de suas descobertas. Colocou juntas, em uma justaposição fértil, idéias que exploradores anteriores tinham vislumbrado apenas de forma vacilante e separadamente. E fez algumas descobertas originais próprias.

A sua atitude também não foi a de um poeta religioso ou a de um líder carismático, apesar daquilo em que alguns dos seus epígonos tentaram transformá-lo. Como ouvia os seus pacientes, assim ouviu a sua própria experiência e a de seus seguidores: a história da psicanálise é, nas suas quatro primeiras décadas, em grande medida, a história de Freud modificando os seus pontos de vista sobre a estrutura da mente, sobre a ação terapêutica, sobre a natureza dos instintos, sobre a sexualidade feminina e sobre a ansiedade — o

próprio catálogo da sua suscetibilidade a materiais e a meios novos de ver materiais familiares. O tema amplo, imensamente importante, das relações objetais, essas experiências primitivas anteriores ao advento da fase edipiana, florescera, sem objeções por parte dos "ortodoxos", desde a morte de Freud em 1939. Alguns dos psicanalistas reviram os pontos de vista freudianos sobre a sexualidade feminina, outros questionaram a utilidade de se tratar a agressão como uma pulsão fundamental, mesmo assim não foram excluídos do clube psicanalítico. É em ampla medida a partir de uma visão externa e através do tom defensivo que alguns psicanalistas adotam — uma defesa que condiz com a atitude dos seus adversários mais renitentes — que a psicanálise ganhou a reputação imerecida de um culto monolítico.

Também é verdade que ao mesmo tempo ela exibe uma continuidade inflexível. Isso não se deve apenas ao fato da persistência de Freud em manter as mesmas idéias fundamentais da psicanálise durante toda a sua vida; no *corpus* de seus escritos ele antecipou dificuldades e sugeriu soluções que continuaram a interessar até hoje psicanalistas cuidadosos. Dou como exemplo os maravilhosos artigos sobre a técnica que datam da Primeira Guerra Mundial. Retornar e explorar o trabalho de Freud é uma experiência memorável. Isso não justifica o hábito dos psicanalistas de citarem Freud como autoridade definitiva. Mas coloca o hábito dentro do seu contexto. O que eles devem fazer com um pai assim, o gênio que parece ter inventado tudo? É impossível esquecê-lo ou negá-lo, como seria impossível matá-lo. Qualquer um desses atos, embora seja psicologicamente compreensível, seria um sinal de ingratidão e uma pura estupidez do ponto de vista científico. A única solução possível foi entrar em acordo com ele e reconhecer a sua importância. O historiador que observa esse espetáculo comovente e repensa a posição freudiana deve reconhecer com candura que na história da mente moderna, por improvável que possa parecer, ela é virtualmente única.

(Fonte: *Freud para Historiadores*, Peter Gay, Paz e Terra, São Paulo, 1989.)

O Homem que acreditava que era Freud*

Fabio Hermann**

Cinqüenta anos depois da morte de Sigmund Freud, o que estamos celebrando? A vida ou a morte de um homem, sua obra, a encarnação de um novo mito, ou algo mais?

Cinqüenta anos da morte de Freud, o que isso significa

---

* Este artigo foi extraído da entrevista concedida por Fabio Hermann à jornalista Teresa Montero Otondo.

** Professor de pós-graduação em Psicologia Clínica na PUC-SP e autor de *Andaimes do Real: o cotidiano*.

Freud por volta dos cinqüenta anos, numa foto mais descontraída, tirada por um de seus filhos.

hoje? É difícil dizer em poucas palavras. Freud é uma figura extremamente curiosa, versátil, que gerou uma surpreendente quantidade de mitos em torno de seu nome. Li, outro dia, em algum lugar, um texto que dizia que Freud era o intelectual mais representativo, mais significativo de nosso século. O que quer dizer isso? Definir o melhor e o maior é sempre muito subjetivo — é como concurso de beleza, vai do gosto de cada um. Mas Freud é, provavelmente, dentro do mundo científico, o nome para o qual mais convergem observações, críticas, análises, comentários, louvações, biografias, etc. Todos falam de Freud, de uma forma ou de outra, e tudo pode ser relacionado a ele. Nesse sentido, ele é extremamente representativo, sim. O estudo da pessoa de Freud virou uma espécie de ciência dentro da ciência. As biografias se multiplicam. As conscientes, que contam a história do homem, e as inconscientes, que contam a história de seu inconsciente, que tentam psicanalisá-lo depois de morto. Acho um exagero transformar essa espécie de biografia inconsciente num roteiro geral da psicanálise. Fazer disso a pedra angular do estudo da psicanálise. Ou considerar que na biografia de Freud vamos encontrar o segredo da psicanálise. A chave do mistério. Não se encontra nada. Encontra-se a história de um homem e explicações de algumas de suas atitudes em diversas épocas de sua vida. Assim, Freud converteu-se numa espécie de objeto da ciência. Por outro lado, é uma das poucas pessoas, na história da humanidade, que realmente conseguiram "inventar" uma ciência.

O inventor dessa nova ciência dá um salto no escuro, rompe as barreiras do conhecimento e cria um novo objeto de estudo e um novo método.

Exatamente. Este é o exemplo mais escandaloso de invenção de uma ciência. Freud introduz na área do conhecimento humano novos objetos de estudo, alguns deles tabus. Apresenta um enfoque novo e um método novo de conhecimento, fundado nas propriedade do diálogo humano. A psicanálise, mesmo teórica, está profundamente fundada na situação clínica — é uma espécie de diálogo. O fantástico em Freud é que ele não somente "inventou" essa ciência, mas desenvolveu-a até atingir seu ponto de maturidade. É algo que merece entrar para o *Guiness Book of Records*. É como se ele fosse um personagem de ficção de uma obra que ele mesmo escreveu com sua própria vida e não com a pena. Não é só o homem que deu certo, é alguém que fez alguma coisa praticamente impossível. É o protótipo do gênio.

O gênio nos põe um problema. O que vem depois do gênio? Depois dele, o que é que nós podemos fazer? A esse propósito, certa vez, numa conferência, propus uma pequena parábola: mal acabado o Dilúvio, dizem que Noé plantou duas videiras, colheu a uva e fez vinho. Se isso é verdade, Noé inventou o vinho. Portanto foi um gênio. Depois de inventar o vinho não havia mais vinho para inventar. O que se pode conceber, então, é que alguém, nos séculos que se seguiram, tomando o vinho, disse: mas que genialidade, que coisa magnífica, só falta algo para completar essa perfeição — o queijo. Esse segundo homem, o inventor do queijo, não era um gênio, era um homem de bom gosto. A posição dos analistas pós-freudianos é, de certa maneira, essa. Se Freud é o gênio, o inventor do vinho, nós pelo menos devemos ser suficientemente criativos na combinação e na utilização desse vinho psicanalítico. Podemos inventar o queijo apropriado para ressaltar o gosto do vinho.

A genialidade de Freud contribuiu para a criação de novos mitos em torno de seu nome, e talvez novos tabus?

Freud é um gênio porque fez uma coisa muito importante. Mas essa noção de gênio está ligada a uma espécie de mito. Penso que Freud contribuiu decisivamente para transformar-se em mito. Deve ter achado que esse era o jeito de fazer com que sua obra se perpetuasse para além de si mesmo. Talvez tenha achado que, transformando-se em mito, por meio de um bom "marketing", no bom sentido da palavra (e não da maneira que o fazem nossos políticos), poderia ser uma espécie de viático para introduzir o estudo daquilo que sempre foi considerado tabu — a sexualidade, por exemplo. O fato é que ele tinha uma noção de importância pessoal invejável. Antes mesmo de casar ou de redigir qualquer obra de importância, escrevia à noiva dizendo que havia queimado todos os seus papéis de juventude para não dar trabalho aos biógrafos. Não tinha sequer escrito *O Livro dos Sonhos*[1] ou o tratado sobre a histeria. Não tinha motivo algum para imaginar que um dia teria biógrafos. Mas tinha essa crença. Era um homem que acreditava que era Freud. Portanto, o que celebramos são os cinqüenta anos da obra de Freud, ou seja, da última coisa que Freud acrescentou à sua obra, que foi a sua própria morte. Libertando, assim a obra do peso que em vida era o autor em relação à própria obra.

Freud, hoje, não é mais aquele velho que fumava charutos que o ajudavam a pensar, justamente porque se queimaram. Freud é como um charuto, ele queimou a sua vida para produzir uma obra de arte que é psicanálise. Ele está vivo no pensamento psicanalítico. A melhor homenagem que podemos prestar a Freud é deixar de ser freudianos, deixar de cultuar Freud como figura, e produzir psicanálise.

[1] Também traduzido como *Interpretação dos Sonhos*, obra publicada por Freud em 1900. (N. do E.)

Vida e agonia

Max Schur

(...) Novamente, a comunicação de pensamento entre Freud e mim não necessitava de palavras. Ele sabia o que eu estava pensando; eu sabia o que ele sabia. Freud não acreditava que fosse apenas uma necrose óssea, e eu não podia contradizê-lo. Concentramo-nos na higiene da boca, na alimentação adequada e em tônicos, e no alívio de seu sofrimento. Esta parte estava se tornando cada vez mais difícil, dado que Freud odiava barbitúricos e opiáceos. Pensou em morfina tão-somente como última instância, quando, finalmente, teve de desistir. De modo que, mais uma vez, tivemos de lançar mão do Orthoform, que aliviava a dor da superfície da ulceração mas não a necrose do osso. Seu sono costumeiramente reparador começava a faltar-lhe agora. Anna, que, além de sua rotina normal de assistir aos pacientes, de treinamento e de organizar o êxodo de todo o grupo continental, permanecia mobilizada mais ou menos durante 24 horas de serviços, tinha de aplicar o Orthoform várias vezes durante a noite. Ocasionalmente, Freud tomava uma aspirina ou um Pyramidon. Durante todo o mês de junho continuava recebendo uns poucos pacientes, lendo e atendo-se, tanto quanto podia, à rotina diária. Tentava, também, comer, com desesperada energia.

Algum tempo depois, em julho, Freud sofreu um ataque de deficiência ventricular esquerda com "asma cardíaca". Nessa emergência, pude oferecer rápida ajuda e, daí por diante, ele me "perdoou" a viagem aos Estados Unidos. Embora, durante as primeiras semanas depois de minha volta, uma certa dose de intimidade houvesse acabado, o antigo relacionamento restaurava-se agora. Fiquei grandemente aliviado, em parte por causa dos meus próprios sentimentos, mas principalmente porque eu sabia que o fato seria essencial a ele durante o último, o mais penoso capítulo que estava prestes a se iniciar.

O tratamento cardíaco tinha de ser instituído e a medicação não ajudou seu já medíocre apetite.

Durante o mês de agosto tudo se esboroou rapidamente. Não podia haver mais dúvida acerca de uma ampliada recorrência acompanhada de ulceração. A descoloração das bochechas tornou-se cada vez mais marcada, indicando o avanço de uma necrose da pele. O cheiro fétido tornou-se cada vez mais intolerável e não podia ser controlado por nenhuma espécie de higiene bucal. Era visível que o mau cheiro vinha da necrose do osso. Devo ressaltar, mais uma vez, que não se tinha à mão quaisquer espécies de antibióticos por essa época, a fim de ajudar a controlar esse estado.

Freud tornava-se cada vez mais fatigado, ficando mais fraco durante o dia. Agora tinha de tomar a mais penosa de todas as decisões — deixar de atender os pacientes. Ainda se mostrava apto a dar a Anna um resumo dos casos, o que mostrava sua plena mestria, mas havia, agora, momentos em que a pura fadiga obstruía sua vivacidade. Tentava, ainda, comer, mas descansava a maior parte do dia. Seu estúdio transformou-se também no seu refúgio de doente, e do seu leito podia ver o jardim com as flores que amava. Contudo, o cãozinho Chow a que Freud era tão ligado não podia tolerar o mau cheiro e não podia ser incitado a chegar até perto dele. Quando levado até a sala do estúdio, Chow corria para o canto mais recuado. Freud sabia o que significava aquilo, e olhava para o seu cãozinho com uma tristeza trágica e consciente.

Marie Bonaparte visitou-o pela última vez entre 31 de julho e 6 de agosto de 1939. Foi uma despedida triste, silenciosa. Freud comentou mais tarde comigo quão afortunado se sentia por ter amigos tão preciosos.

Em fins de agosto houve outra despedida, dessa vez de sua neta Eva, filha de Oliver, com cuja visita a Londres (ela

Freud com sua filha Sophie, que morreu de gripe em 1920.

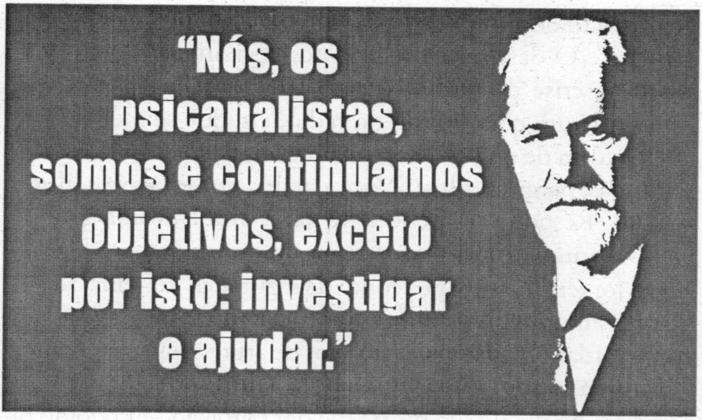

estava, então, vivendo na França) Freud grandemente se alegrou. Mostrou uma ternura especial para com essa moça encantadora, então com quinze anos de idade, que haveria de morrer por volta do final da guerra, em 1944.

A doença continuava a avançar, em seu curso implacável. A pele acima do osso das maçãs tornou-se gangrenosa, criando eventualmente um buraco e uma comunicação aberta entre a cavidade oral e parte externa. Isso trouxe, temporariamente, uma ligeira mitigação da dor — ou, antes, toda a área tornou-se de certo modo mais acessível às aplicações de Orthoform — mas o mau cheiro tornou-se ainda pior. O leito de Freud teve de ser coberto com uma rede contra mosquitos porque as moscas estavam sendo atraídas pelo odor fétido.

Nesse ínterim, a guerra começara. Havia sido antecipada a notícia de que os *raides* aéreos poderiam começar com o início das hostilidades. Com o fim de me encontrar à mão em qualquer eventualidade, mudei-me para a casa de Freud por volta de setembro (dia 1º), enquanto minha mulher e meus filhos iam para um lugar a salvo e em "segurança" no campo. Freud estava lendo os jornais e plenamente consciente do impacto dos acontecimentos. Mas já se encontrava "bem distante". O desligamento que descrevi anteriormente, em relação à crise de Munique, era muito mais pronunciado. Depois de um comentário do rádio, em que se mencionava a velha idéia de que essa seria uma guerra para terminar com as guerras, perguntei-lhe: "Você acredita que esta seja a última guerra?" Respondeu-me secamente: "Minha última guerra".

Durante os primeiros alarmas de *raides* aéreos, o leito de Freud foi removido para a zona "de segurança" da casa. Seguiu ele com algum interesse as providências que se tomavam para salvaguardar sua coleção de objetos de arte e seus manuscritos. Mantinha, ainda, uma certa rotina, e nunca se esqueceu, até a véspera do dia de sua morte, de dar corda ao seu relógio ou ao relógio que ficava sobre a escrivaninha, que exigia corda uma vez por semana! De certo modo, esse insignificante detalhe era típico da organização disciplinada de sua mente. Nada mudou em sua inquebrantável cordialidade. Nem uma única vez, durante todo esse tempo, pude testemunhar qualquer impaciência ou qualquer reação de aborrecimento e ira em relação a qualquer pessoa que participava do seu ambiente. Perguntava como meus filhos estavam reagindo à evacuação e sugeriu-me que lesse algo na sua biblioteca, recomendando, entre outras coisas, certas obras de autoria de Albert Schweitzer, a quem tinha em alta conta.

Era cada vez mais difícil alimentá-lo. Sofria terrivelmente, e as noites eram um tormento. Mal podia deixar seu leito e tornou-se gradativamente caquético. Anna e eu nos revezávamos na aplicação do Orthoform, mas na verdade não estava mais recebendo qualquer sedação. Era uma experiência dolorosa, a de não sermos capazes de aliviar o seu sofrimento, e, não obstante, sabia eu que teria de esperar que ele mesmo me pedisse que o fizesse.

A fase final começou quando o ato de ler tornou-se difícil. Freud não lia ao acaso, mas lia livros cuidadosamente selecionados de sua biblioteca. O último livro que leu foi o *La*

Peau de Chagrin (A Pele Fatal), de Balzac. Quando terminou o livro, observou casualmente para mim: "Este era mesmo o livro que eu devia ler; trata do retraimento e da morte pela fome".

La Peau de Chagrin foi escrito dentro do espírito do romantismo, sob a influência do *Werther* e do *Fausto*, de Goethe; dos *Contos Fantásticos*, de Hoffmann, e de Byron. Tanto o herói de Balzac, Rafael, quanto o Fausto, de Goethe, estabelecem um pacto com o diabo. A Rafael é dada uma pele mágica mas fatal de um asno selvagem. Todos os seus desejos serão satisfeitos — mas a cada desejo satisfeito a pele encolhe-se, juntamente com a vida dele. Rafael não pode dominar seus desejos e tenta em vão negá-los. Não pode dominar seu medo da morte e morre em pânico desesperado.

Fausto, por outro lado, morre somente depois de haver conseguido, pelo menos através de um delírio, seu objetivo final — a exigência de terra arrancada à fúria do oceano — nas palavras de Freud, do Zuyder Zee.

Uma vez que não havia eu, à época, lido *La Peau de Chagrin* nem as cartas de Freud, não tinha consciência de quão significativa era essa formulação e por que a havia feito a mim. O tema da pele que encolhe ecoa as palavras de Freud acerca de seu pai agonizante, em 1896: "ele... está encolhendo rapidamente... rumo a uma data fatídica". O inconsciente é imortal, Freud havia dito. Retém todas as lembranças. Quão estranho é o fato de que haja escolhido para ler esse livro antes de escrever a palavra *Finis* em sua própria história!

Também Freud havia realizado todo o trabalho possivelmente reclamado que lhe incumbia. Em contraste com Rafael, havia superado todos os seus medos, tanto quanto essa superação seja possível, humanamente falando. Mas se achava tão desesperadamente cansado que tinha somente um último desejo que melhor se expressaria nas palavras de um dos mais belos poemas de Goethe:

Der Du von dem Himmel bist
Alles Leid und Schmerzen stillest,
Den, der doppelt Elend ist.
Doppelt mit Erquickung fuellest.
Ach, ich bin des Treiben muede
Was soll all der Schmerz und Lust
Suesser Friede
Komm, ach komm in meine Brust.

(Tu, que vens dos Céus,
Sofrendo todas as dores e sofrimenos,
Enche de uma calma duplamente mensurada
Aquele que se acha duplamente conturbado.
Como me sinto cansado dessa luta,
Por que essa alegria e esaa dor sem sentido?
Vem, doce paz,
Vem, oh vem ao meu coração.)

No dia seguinte, 21 de setembro, quando eu me achava sentado no canto de sua cama, Freud tomou minha mão e me disse: *"Lieber Schur, Sie erinnern sich wohl an unser erstes Gespraech. Sia haben mir damals gesprochen mich nicht im Stiche zu lassen, wenn es so weit ist. Das it jetzt nur noch Quaerlerei und hat keinen Sinn mehr"*. ("Meu prezado Schur, certamente você se lembra de nossa primeira conversa. Você me prometeu então que não me abandonaria, quando chegasse a minha hora. Agora, tudo não passa de tortura e não faz mais nenhum sentido.")

Dei-lhe a entender que não havia esquecido da minha promessa. Ele respirou aliviado, tomou a minha mão mais demoradamente e disse-me: *"Ich danke Ihnen"* ("Eu lhe agradeço"), e, depois de um momento de hesitação, acrescentou: *"Sagen Sie es der Anna"*. ("Informe Anna sobre isso.") Tudo isso foi dito sem um traço sequer de pieguice e de autocomiseração, e com plena consciência da realidade.

Informei Anna sobre nossa conversa, tal como Freud me havia pedido. Quando ele entrou em agonia, dei-lhe uma injeção de dois centigramos de morfina. Logo se sentiu aliviado e caiu num sono tranqüilo. A expressão de dor e de sofrimento havia desaparecido. Repeti essa dose depois de passadas doze horas. Freud, obviamente, estava tão próximo do fim de suas reservas que se afundou num coma e não mais voltou. Morreu às 3 horas da madrugada do dia 23 de setembro de 1939.

Freud havia afirmado em seu trabalho *Pensamentos para as Épocas de Guerra e de Morte*:

"Em relação à pessoa de carne e osso que morreu adotamos uma atitude especial: alguma coisa parecida à admiração por alguém que realizou uma tarefa bastante difícil".

(Fonte: *Freud: Vida e Agonia*, Max Schur, vol. III, Imago, Rio de Janeiro, 1981.)

Sigmund Freud: o grande decifrador dos enigmas humanos.

Bergasse, 19. Era o mundo

Marilsa Taffarel*

Freud — o filho adorado de uma bela e jovem mãe — sonhava com a notoriedade e com grandes molhos de chaves.

Por trás das chaves a fartura de uma casa bem abastecida. Um "pequeno mundo de felicidade" com poltronas, espelhos, tapetes, cristais... e grandes molhos de chaves. "Dedicaremos nosso coração a coisas tão pequenas? Enquanto um grande destino não bater à nossa pacífica porta — sim, e sem receios." Era o que propunha Freud a Martha, sua noiva, em 18 de agosto de 1882.

Essa casa só mais tarde, em 1891, viria a ser a *Bergasse, 19*, que habitaria com seus filhos, sua cunhada Minna, e sua mulher, durante quarenta e sete anos.

Bergasse, 19 era confortável. Um gosto conservador no

---

* Marilsa Taffarel é psicanalista.

mobiliário, nas paredes com muitas fotos, nas pinturas acadêmicas, nos tapetes orientais. Os baixos-relevos e estatuetas gregas, romanas e egípcias foram uma paixão à parte.

Freud sempre experimentara o conforto de ter seu próprio quarto na casa dos pais, enquanto o resto da numerosa família (cinco irmãs, o irmão caçula e os pais) se apinhava em três quartos, nas melhores fases.

Ele foi, desde sempre, o menino de ouro para eles. Quando o piano de sua irmã Anna incomodou suas leituras, foi suprimido. Quando seu nome, Sigismund Schlomo incomodou, ele o mudou para Sigmund.

Na *Bergasse, 19*, o almoço era sempre servido às 13 horas: uma terrina com sopa, carne e cereais. Após o almoço uma caminhada para estimular a digestão, talvez rever provas tipográficas e comprar charutos. Pacientes — das oito ao meio-dia e das três às 21 horas, muitas vezes. E vinha o jantar e novo passeio. Das 23 à uma da madrugada, escrevia. Verões em estâncias repousantes substituíam os ciclos da *Bergasse, 19*.

Quando se torna famoso, agenda lotada por pacientes, tarefas editoriais, organização das Sociedades Psicanalíticas, solicitações para cursos, artigos, conferências, Freud mantém-se fiel ao encontro familiar para o almoço, ao soarem as 13 horas, às partidas de *tarock* (um antigo jogo de cartas) com amigos médicos, no sábado à noite, aos passeios e às visitas à mãe no domingo de manhã.

Após a Primeira Guerra, Viena passa por uma escassez de gêneros de primeira necessidade que comove o mundo. Meia vela por semana é todo o combustível para uma família. Pão mofado, nada de leite, carne, batatas. Manter o "pequeno mundo de felicidade", promessa de trinta e sete anos atrás, torna-se uma tarefa impossível, mesmo para o sábio de reputação internacional que Freud se tornara. O sábio é por dois anos o provedor obstinado de sua família. Um artigo para um jornal húngaro é trocado por um saco de batatas, que o leitor carrega nos ombros até a *Bergasse, 19*.

Samuel Freud, o sobrinho próspero, comerciante em Manchester, é orientado cuidadosamente pelo tio quanto aos produtos que deve mandar e quanto ao modo de fazer pacotes perfeitos, "Gordura, carne salgada, chocolate, chá, bolos ingleses e tudo o mais". Freud sabe pedir, assim como sabe retribuir e dar.

Um norte-americano da equipe de Woodrow Wilson traz dois cestos de provisões e leva exemplares da *Psicopatologia da Vida Cotidiana* e das *Conferências Introdutórias à Psicanálise*, livros seus de 1901 e de 1916-17, de fácil assimilação pelo público leigo.

Quase duas décadas depois, em meio à crescente ameaça da invasão da Áustria pela Alemanha nazista, Freud, muito doente e debilitado pelas dezenas de cirurgias a que fora submetido desde 1923, data do diagnóstico de câncer de palato, insiste em não abandonar a "amada prisão". Ele só se decide a deixar Viena depois que a *Bergasse, 19* é invadida por camisas pardas, quando um terror, muito pior do que Freud imaginara, se havia instalado em Viena, e Anna, sua dedicada filha, sua Antígona, é presa pela Gestapo.

Pouco depois de sua chegada a Londres, em 1938, uma parte da *Bergasse, 19* é resgatada das mãos dos nazistas — seus livros, suas antiguidades, seu divã —, e ele se instala na *20 Maresfield Gardens*, Hampstead. O antigo ambiente é reconstruído. A empregada que viera junto com Freud recoloca as estatuetas no lugar. A urna grega, presente de uma ex-paciente que se tornara grande amiga e protetora, a princesa Marie Bonaparte, volta a seu lugar, atrás da escrivaninha de Freud. É nela, um pedaço da *Bergasse, 19*, que as cinzas de Freud e Martha estão até hoje no cemitério de Golder's Green, em Londres.

Amigos e inimigos íntimos

"Um amigo íntimo e um inimigo odiado sempre foram requisitos necessários de minha vida emocional. Eu soube prover-me constantemente de ambos" — conta Freud na *Interpretação dos Sonhos*. Freud não costumava fazer frases de efeito. Suas amizades, algumas verdadeiras paixões, intensas, fundamentais, exclusivas, resultaram em dolorosas rupturas. Nesses momentos costumava dizer que sentia falta de seu isolamento inicial. No entanto, jamais se manteve sozinho. Desde a adolescência tinha um confidente íntimo numa intensa correspondência.

É a Emil Fluss, também de Freiberg, sua pequena cidade natal, irmão da primeira moça por quem se apaixonou, que ele se dirige para justificar — como quem deve explicações e espera aprovação — sua escolha profissional. Não quer mais estudar Direito. Resolvera dedicar-se à ciência da natureza.

Mas a parte da natureza que mais lhe interessa é a natureza humana.

Aluno brilhante no liceu, seguro de si, ambicioso, vê um grande futuro à sua frente. É ainda para Fluss que escreve no tom exuberante dos dezesseis anos: "Agrada-me apreender a espessa textura de fios encadeados que o acaso e o destino teceram em torno de nós".

Na Universidade de Viena encontra grandes professores, trazidos da Alemanha, e com fama internacional. Pesquisadores com sólida formação científica positivista e de espírito liberal. Esses grandes homens estavam à altura de suas expectativas. Freud encontrou neles mentores, em seus laboratórios, principalmente no de Ernst Brücke, eminente fisiologista, um lugar equivalente ao quarto todo seu. Lá encontrou, também, Breuer, que viria a ser uma espécie de figura de transição entre mentor e par.

Josef Breuer, rico, pródigo, empresta-lhe dinheiro, envia pacientes e acima de tudo é um interlocutor. Tudo vai bem enquanto o interesse de ambos pela pesquisa flui sem barreiras. Quando Breuer se detém, recua diante dos resultados, torna-se um empecilho, a amizade mostra o seu reverso: ressentimentos, prejuízos e ameaças.

Martha, confidente enquanto estão noivos e separados (1882-1886) — ele em Viena, depois em Paris, ela em Wandesbek, perto de Hamburgo —, corre o risco de deter seu avanço. Freud acredita que perdeu a oportunidade da fama ao abandonar suas pesquisas para ir visitá-la. Esteve perto de descobrir os efeitos anestésicos da cocaína. Mas é outro que o faz e leva a coroa de louvor. Freud declara à cunhada que não guardava rancores em relação a Martha. Seus outros obstáculos não tiveram a mesma sorte.

Em 1894, sua colaboração científica com Breuer cessa. Dela fica um texto importante, que faz parte de seu livro *Estudos sobre a Histeria.* Freud tinha já o substituto de que precisava. Pródigo em incentivos e aplausos, imaginativo e destemido, Wilhelm Fliess não se chocava com nada. Conhecera-o em 1887 por intermédio do próprio Breuer, "Você é o único Outro", Freud lhe diria em meados de 1894.

Aproximadamente durante uma década Fliess, um otorrinolaringologista de Berlim, alimenta esse Outro de que Freud tanto precisava para não recuar diante de si próprio. É assim, em todo caso, que Freud cria a psicanálise. Sua correspondência com Fliess (1887-1902) é conhecida com o justo título de *Nascimento da Psicanálise.*

Nesse intervalo, é escrita e publicada a sua grande obra *A Interpretação dos Sonhos.* Resultado: quase nenhuma repercussão ("Nenhuma folhinha se mexeu para mostrar que a *Interpretação dos Sonhos* chegou à mente de alguém..."), e tormentos para o autor. A sua clínica oscilava e Freud temia a pobreza.

O reconhecimento, a fama, as recompensas financeiras, a glória viriam ainda em vida. Seu septuagésimo quinto aniversário teve uma repercussão ainda maior que a mesma

Freud com sua filha Anna, nas férias de verão de 1913.

data cinco anos atrás, e ainda mais apaixonada que o cinqüentenário de sua morte, hoje. O mundo queria manifestar o seu reconhecimento. Os quatro cantos do mundo, médicos, literatos, autoridades. Albert Einstein escreve um bilhete elogioso; flores e telegramas inundam sua casa. Em 1900, no entanto, a relação com Fliess passava por estremecimentos fatais, já que este questionava o valor científico de suas pesquisas. Porém, mesmo que tudo parasse por aí, e a ânsia pelo conhecimento não se prolongasse por mais trinta e nove anos, exatamente até alguns dias antes de sua morte, a psicanálise já existia.

Esse mergulho para dentro de si mesmo, possibilitado por Fliess, isto é, alguém que não se choca com nada, para quem se conta tudo e que reconhece o direito à existência das teorias sexuais sádicas, exibicionistas, onipotentes. Eis a psicanálise. O psicanalista só não deve aplaudir como Fliess, já que a pesquisa de Freud prosseguiu, e a regra da assepsia se impôs como necessária para o livre fluir dessa relação com o "único Outro". Freud, nesses primeiros anos, mais do que o primeiro analista, é o primeiro paciente.

Depois da depressão que segue à *Interpretação dos Sonhos* (1900), Freud vai a Roma e se recompõe. Sai da passividade e conquista novamente seu lugar, a cátedra na Universidade, posição social e fervorosos seguidores. Em 1902, a Sociedade Psicológica das quartas-feiras, embrião da futura Sociedade Psicanalítica, já está existindo, com quatro médicos vienenses e Freud. Quatro anos depois, seus cinqüenta anos são comemorados com um medalhão que seus discípulos mandam cunhar, com a inscrição em grego, extraída de *Édipo Rei*, de Sófocles: "Ele desvendou o famoso enigma e foi um homem extremamente poderoso". Nesse tempo havia um "comunismo intelectual" e nenhuma divergência. Nos anos seguintes vêm os estrangeiros. De Berlim, de Budapeste, de Zurique, de Londres. Formam-se as Sociedades Psicanalíticas em cada um desses lugares.

O sofrimento com as rupturas retorna sempre até os últimos anos da vida de Freud. A ruptura com Jung (Carl Gustav Jung, da Universidade de Zurique), em 1913, foi tão dolorosa quanto a anterior com Fliess. Jung, o príncipe herdeiro de Freud, não era judeu. Isso importa muito a um Freud ainda extremamente preocupado com a possibilidade de a psicanálise ser considerada coisa de judeus e menosprezada. A luta pela causa psicanalítica agora tornara-se o centro de sua vida.

"Deve-se procurar aprender alguma coisa de tudo", diz Freud a Jung, referindo-se a Fliess. De cada dissensão, assim como da morte do pai, do trabalho com os pacientes e de todos os acontecimentos importantes de sua vida, foi se alimentando a potente reflexão freudiana. As rupturas, depois de Fliess giraram em torno de um mesmo ponto fundamental da psicanálise — a teoria sexual — e do grande ressentimento pela insuficiência de aplausos desse "único Outro" que Freud se tornara para cada um de seus seguidores.

A maravilha e o aprendizado

Aos vinte anos Freud vai para Trieste com uma bolsa de estudos do departamento de zoologia da Universidade de Viena. Ali ele disseca 400 enguias. Querem os mais otimistas que assim tenha aprendido a difícil arte de observação. O fato é que já aos dezenove anos estava entre os que repeliam as especulações filosóficas, as ilusões religiosas, os grandes sistemas metafísicos. Ludwig Fuerbach era o homem a que mais admirava entre todos os filósofos.

Freud direciona sua formação escolhendo participar por vários trimestres dos seminários e cursos de Franz Brentano, filósofo aristotélico e psicólogo empirista. Ali alimenta a tensão entre a observação e a especulação que marca sua atitude científica. A especulação foi declaradamente um perigo que manteve por perto e um prazer que se permitiu anos mais tarde. *Moisés e o Monoteísmo*, seu último livro, é uma obra especulativa. Nela Freud deixa fluir hipóteses que o apaixonam. Pensara até em lhe dar o subtítulo *Um Romance Histórico*. Em 1910 já escreveu o que chamou de um semi-romance (*Uma Lembrança Infantil de Leonardo da Vinci*[1]).

Da luta contra a religiosidade resultou o livro *O Futuro de Uma Ilusão* (1927), apontado como herança dos tempos de Fuerbach, cuja obra mais famosa chama-se *A Essência do Cristianismo*. A atitude anti-religiosa de Freud foi uma bandeira que sustentou durante toda a sua vida. Consta que na primeira sexta-feira à noite após seu casamento, Freud proíbe a desconcertada Martha de acender as velas do *shabat*. E a luta contra a ilusão, que se dá também no plano existencial, não arrefece diante do câncer nem diante da morte.

Não se sabe ao certo quantos lagostins Freud dissecou estudando a estrutura do sistema nervoso dos peixes, agora no laboratório de fisiologia de Ernst Brücke. Sabe-se, porém, que os resultados das pesquisas não foram desprezíveis.

Nos seis anos que passa com Brücke, a formação de seu espírito científico se consolida. O conhecimento positivo deve penetrar nas regiões dominadas pela crenças obscurantistas. Essa é uma missão para ele, como fora para seus mestres resgatar áreas de crendice no campo da medicina. Seu positivismo científico, que colocava a observação dos fatos antes da teoria, mas não obtusamente contra ela, fora reforçada pela estada com Charcot em Paris.

A observação detalhada era quase uma obsessão, principalmente se houvesse algum enigma a ser desvendado. E sempre havia um. O *Moisés* de Michelângelo, que Freud conhece em 1901, na primeira vez que visita Roma, vai manter o fascínio de uma interrogação nas incontáveis vezes que o

---

[1] Também traduzido como *Uma recordação de infância de Leonardo da Vinci*, obra publicada por Freud em 1910. (N. do E.)

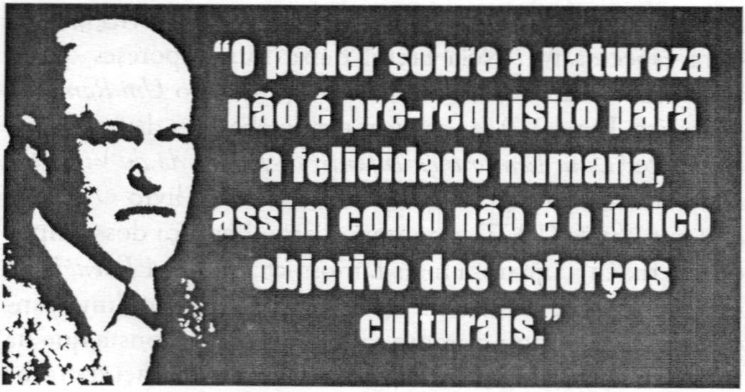

vê. A estátua foi esculpida para a tumba do papa Julio XI e representa Moisés com as tábuas da lei.

Em 1912, enquanto permanece em Roma, Freud irá vê-la diariamente. Pensa escrever algumas linhas sobre ela (o artigo só é escrito e publicado em 1914). Leva para casa, naquele ano, um pequeno molde em gesso da estátua e pede a Ernest Jones (psicanalista inglês), encarecidamente, pelo menos o desenho do "admirável contorno inferior das tábuas".

Por três semanas, no ano seguinte, "detive-me diariamente na igreja diante da estátua, estudei-a, medi-a, sondei-a até que me veio a compreensão que só ousei expressar no papel anonimamente", diz Freud.

Uma análise também leva muitos anos.

Por isso Freud se impacienta quando ouve falar nas análises breves que começavam a propor na América.

A obediência aos fatos leva-o a descobrir essa coisa tão impalpável e tão densa que é a realidade psíquica. Claro que isso se dá por descaminhos. Primeiro acredita no fator sedução (dos pais em relação aos filhos), para depois enxergar o fator fantasia de sedução, assim como vai reconhecer o delírio como um fato a ser estudado.

Daniel Paul Schreber é um de seus famosos casos clínicos. Vai ser "analisado" através do exame de suas memórias. Freud aproveita também as lições que já aprendera sobre paranóia na ruptura de sua relação com Fliess. Freud estava convencido de que as idéias mais loucas dos psicólogos são mensagens racionais retorcidas.

Depois do exame cuidadoso do texto das memórias, Freud, numa carta a Ferenczi, permite-se especular sobre o pai de Schreber, a quem desconhecia. O brevíssimo retrato que traça dele e de sua relação com o filho coincide espantosamente com o que vem a saber posteriormente.

A primazia da observação permite-lhe aprender com seus pacientes. Com Lucy aprende a deixar o paciente falar livremente e cria a regra da associação livre. Com Dora aprende a importância da transferência e da contratransferência, com Hans, "nosso pequeno herói", conhece a alma de uma criança. Com o "maravilhoso" Schreber, a verdade do delírio.

Freud só se fecha para o mundo para morrer (23 de setembro de 1939). Cinco anos antes escreveu para um amigo a frase que permanaceu verdadeira até o fim: "O homem (Moisés) e o que pretendi fazer dele me perseguem por todas as partes".

(Fonte: *O Estado de S. Paulo* / Cultura nº 480, Marilsa Taffarel, São Paulo, 7/10/89.)

A divergência entre Freud e Jung

C. G. Jung

Sobre a diferença entre os pontos de vista de Freud e os meus, deveria, na verdade, escrever alguém que estivesse fora do circuito das idéias que se chamam "Freud" e "Jung". Não sei se mereço que me confiem aquela objetividade que me sobreleva, imparcialmente, acima de minhas próprias idéias. Será que alguém consegue isso? Duvido. Mas se alguém aparentemente conseguir essa façanha, digna de um Barão de Münchhausen, então aposto que as idéias não são, em última análise, as suas.

É verdade que as idéias amplamente aceitas já não constituem propriedade do autor; ele se torna, antes, um serviçal de suas idéias. Idéias impressionantes, chamadas de idéias verdadeiras, têm algo de peculiar. Elas brotam da intemporalidade, de um sempre estar presente, de uma raiz primitiva materna e psíquica, a partir da qual se desenvolve o espírito efêmero da pessoa individual, como a planta que floresce, frutifica, dá sementes e morre. As idéias brotam de algo maior do que da pessoa humana singular. Não as fazemos, elas nos fazem.

Por um lado, idéias são confissão fatal que trazem à luz não apenas o melhor de nós, mas também nossas mais recônditas insuficiências e misérias pessoais. Idéias exclusivamente sobre psicologia! Donde mais poderiam provir além do mais subjetivo? A experiência do objeto pode escudar-nos da parcialidade subjetiva? Toda experiência não é ela, ao menos em sua metade, de caráter subjetivo? O subjetivo, por sua vez, também é um dado objetivo, um pedaço do mundo. Tudo o que dele provém resulta, em última análise, da composição do mundo, como o mais raro e estranho ser vivente é sustentado e nutrido também pela terra, comum a todos nós. São precisamente as idéias subjetivas que estão mais próximas da natureza e da essência e, por isso, pode-se dizer que são as mais verdadeiras. Mas "o que é a verdade?"

No tocante à psicologia, acho melhor renunciar à idéia de que estejamos hoje em condições de fazer afirmações "verdadeiras" ou "corretas" sobre a essência da psique. O melhor que conseguimos fazer são *expressões verdadeiras*. Entendo por expressões verdadeiras uma confissão e uma apresentação detalhada do que se observa subjetivamente. Alguém porá ênfase especial na *forma* do que encontrou e se arvorará em autor de seu achado, outro dará mais importância à *observação* e falará *daquilo que se manifesta*, valorizando sua atitude respectiva. A verdade estará provavelmente entre ambos: *a verdadeira expressão é a que dá forma à observação.*

Tudo se resolve nesse receber e nesse proceder, e o psicólogo de hoje, por mais ambiciosa que seja sua pretensão, só disso pode vangloriar-se. Nossa psicologia é uma confissão de alguns poucos, formulada de modo mais ou menos feliz; e uma vez que eles integram mais ou menos um tipo, sua confissão pode ser aceita por muitos outros como descrição bastante válida. Podemos concluir também que àqueles que apresentam outro tipo, mas que pertencem ao gênero das pessoas humanas, aplica-se também essa confissão, ainda que em menor proporção. O que Freud tem a dizer sobre a importância da sexualidade, do prazer infantil e de seu conflito com o "princípio da realidade" é, em primeiro lugar, a mais verdadeira expressão de sua psicologia pessoal. É uma formulação feliz daquilo que observou subjetivamente. Não sou um opositor de Freud, ainda que a visão míope dele próprio e de sua escola insistam em qualificar-me dessa forma. Nenhum psiquiatra experimentado pode negar ter vivenciado dúzias de casos cuja psicologia condiz com a de Freud em todos os aspectos essenciais. Por isso Freud contribuiu, exatamente com sua confissão mais subjetiva, para o nascimento de uma grande verdade humana. Ele mesmo é o exemplo clássico de sua psicologia e dedicou sua vida e trabalho à realização dessa tarefa.

Freud, em 1916, com seus filhos Ernst e Martin.

Freud com seus netos, Heinz e Ernst, filhos de sua filha Sophie.

Nosso modo de ser condiciona nosso modo de ver. Outras pessoas tendo outra psicologia vêem e experimentam outras coisas e de outro modo. Isso o demostrou logo um dos primeiros discípulos de Freud: Alfred Adler. Ele apresentava o mesmo material empírico, de um ponto de vista bem diferente, e sua maneira de ver é, no mínimo, tão convincente quanto a de Freud, porque também Adler representa um tipo de psicologia que encontramos com freqüência. Sei que os seguidores de ambas as escolas me consideram, sem mais, no caminho errado, mas a história e os pensadores imparciais me darão razão. Não posso deixar de criticar as duas escolas por interpretarem as pessoas demasiadamente pelo lado patológico e por seus defeitos. Exemplo convincente disso é a impossibilidade de Freud de entender a *vivência religiosa*.

Eu prefiro entender as pessoas a partir de sua saúde e gostaria de libertar os doentes daquela psicologia que Freud põe em cada página de suas obras. Não consigo ver onde Freud consegue ir além de sua própria psicologia e como poderá aliviar o doente de um sofrimento do qual o próprio médico padece. Sua psicologia é a psicologia de um estado neurótico de determinado cunho e, por isso, Freud é verdadeiro e válido, mesmo quando diz uma inverdade, pois também isso faz parte do quadro geral e traz a verdade de uma confissão. Mas não é uma psicologia sã — e isso é sintoma de morbidade — baseada numa cosmovisão acrítica e inconsciente, capaz de estreitar muito o horizonte da visão e da experiência. Foi um grande erro de Freud ter ignorado a filosofia. Jamais critica suas suposições, nunca questiona suas premissas psíquicas. Em minhas preleções anteriores deixei claro que isso é uma necessidade; a crítica de seus próprios fundamentos não teria permitido que expusesse de modo tão ingênuo sua psicologia original. Em todos os casos teria experimentado as dificuldades que eu encontro. Nunca recusei a bebida agridoce da filosofia crítica, mas procurei sempre, ao menos por precaução, tomar pequenas doses. Muito pouco, dirão meus adversários. Quase demais, diz minha sensibilidade. A autocrítica envenena facilmente o precioso bem da ingenuidade, aquele dom indispensável a qualquer ser criado. De qualquer modo, a crítica filosófica me ajudou a perceber que toda psicologia — inclusive a minha — tem o caráter de uma confissão subjetiva. Tenho de refrear meu poder de crítica para que não destrua minha criatividade. Sei muito bem que toda palavra que pronuncio traz consigo algo de mim mesmo — do meu eu especial e único, com sua história particular e seu mundo todo próprio. Mesmo ao lidar com dados empíricos, estou falando necessariamente de mim mesmo. Mas, aceitando isso como algo inevitável, posso colaborar para o conhecimento do homem pelo homem — uma causa à qual Freud também quis servir e serviu, apesar de tudo. O conhecimento não reside apenas na verdade, mas também no erro.

O reconhecimento do caráter subjetivo da psicologia que cada um produz é talvez o ponto que mais me separa de Freud.

(...) A roda da história não deve ser tocada para trás, e o passo do homem para o espiritual, que já começou com os ritos de iniciação primitivos, não deve ser negado. É óbvio que a ciência não só pode, mas deve selecionar campos de atuação com hipóteses bem definidas; mas a psique é uma totalidade superior à consciência, é a mãe e a pressuposição da consciência e, por isso, a ciência é apenas uma de suas funções que jamais esgotará a plenitude de sua vida. O psicoterapeuta não deve refugiar-se no ângulo patológico e recusar terminantemente a idéia de que a psique doente é uma psique humana que, apesar de sua doença, participa do todo da vida psíquica da humanidade. Ele tem de admitir, inclusive, que o eu está doente porque foi cortado do todo e porque perdeu sua conexão com a humanidade e com o espírito. O eu é realmente o "lugar do medo", como diz acertadamente Freud, mas só enquanto isso não se referir ao pai ou à mãe. Freud sucumbe diante da pergunta de Nicodemos "Pode alguém voltar ao ventre da mãe e nascer de novo?" A história se repete — se for permitido comparar grandes com pequenas coisas — na briga doméstica da psicologia moderna.

Desde séculos incontáveis, os ritos de iniciação falam do nascimento a partir do espírito, e estranhamente o homem esquece sempre de novo como entender a geração divina. Isso não demonstra uma força especial do espírito, mas as conseqüências da incompreensão manifestam-se como perturbações neuróticas, amargura, estreitamento e avidez. É fácil expulsar o espírito, mas na sopa falta o sal, "o sal da terra". O espírito comprova sua força no fato de a doutrina essencial das antigas iniciações ter sido transmitida de geração em geração. Sempre houve pessoas que entenderam o que significa ser Deus o seu pai. O equilíbrio entre carne e espírito é conservado nessa esfera.

A oposição entre Freud e mim repousa essencialmente na diferença de pressupostos básicos. Pressupostos são inevitáveis, e porque são inevitáveis não se deve dar a impressão de que não os tenhamos. Por isso eu trouxe à luz sobretudo os aspectos fundamentais; a partir deles é possível entender melhor as várias diferenças, inclusive em seus detalhes, entre a concepção de Freud e a minha.

(Fonte: *Freud e a Psicanálise*, C. G. Jung, Vozes, Petrópolis, 1990.)

Freud e Nietzsche

Magda Guimarães Khouri Costa*

Vida e obra de Freud têm sido exploradas das mais variadas formas, sob diversos ângulos, nas muitas dimensões do tempo, no verso e no reverso. O fato de Freud ainda ser manchete de jornal e capa de revista não se reduz apenas à comemoração do 50º aniversário de sua morte. A especulação recente em torno desse pensador apresenta um significado de muito maior alcance, ao se reconhecer a mudança da visão de homem gerada pelo criador da psicanálise. Suas idéias penetraram nas nossas raízes, por meio das descobertas referentes à sexualidade e ao inconsciente, mobilizando diversas transformações na história humana.

Freud vê o homem como ser desejante e não dotado exclusivamente da razão, trocando de lugar, ou melhor, tirando o lugar das verdades anteriormente dignas de crédito. Perdem-se algumas certezas e provoca-se a percepção do campo desconhecido em nós, ou seja, o inconsciente. E além da introdução desse conhecimento, a metodologia utilizada em sua obra assume uma forma que sempre abre possibillidades de novos estudos, desencadeando muitas associações, com a característica de um constante enigma a ser decifrado. O estilo da sua escrita revela o próprio processo da psicanálise. Abertos esses caminhos, biografia e produção desse autor tornaram-se alvos de intensa curiosidade e de constantes estudos e análises.

Uma recente publicação da Editora Brasiliense confirma, mais um vez, as pesquisas desenvolvidas sobre o fundador da Psicanálise. Trata-se de *Freud & Nietzsche — Semelhanças e Dessemelhanças* (313 páginas), figuras suficientemente

---

* Magda Guimarães Khouri Costa é psicóloga clínica.

sedutoras para se promover um encontro e um estudo minucioso, aliás realizado com competência por Paul-Laurent Assoun.

O autor nasceu em 1948, na Argélia, formou-se em história e direito público, é mestre em psicologia e doutor em filosofia. Atualmente leciona na Escola Normal Superior de Vincenne. Entre os seus textos escritos destacam-se *Freud, la philosophie et les philosophes*, PUF, 1976 e *Introduction à l'épistemologie freudienne*, Payot, 1980.

Há muito tempo a conjunção Freud-Nietzsche vem sendo mencionada pelas ressonâncias de uma obra na outra. *Grosso modo*, considera-se que o discurso nietzschiano apresenta elementos peculiares da psicanálise, incorporados e desenvolvidos por Freud. Os pontos de aproximação são ressaltados, porém sem um olhar mais cuidadoso no fio dessa analogia. Assoun, neste trabalho, propõe-se a explicitar o conteúdo e o sentido de tal conjunção, fornecendo fundamentos mais precisos do que a simples tentação de reunir esses dois grandes pensadores naquilo que parecem ter em comum. O ensaísta tenta dissolver os equívocos mostrando que esse encontro produz muitos problemas e constitui-se por si só um problema.

É por meio de uma análise rigorosa e exaustiva dos temas abordados pelo filósofo e pelo psicanalista que Paul-Laurent Assoun procura não incorrer em uma espécie de falsificação desse confronto. Inicia, todavia, apresentando um referencial histórico que, em termos objetivos, mostra que Freud e Nietzsche são contemporâneos.

Há apenas uma diferença de doze anos entre Nietzsche (1844) e Freud (1856). "Quando ele é nomeado professor de filosofia na Basiléia, Freud ainda não começou seus estudos de medicina. As primeiras *Extemporâneas*, após *O Nascimento da Tragédia,* são publicadas no ano em que o jovem Freud entra na Faculdade de Medicina de Viena (1873). A viagem a Paris, ao encontro de Charcot, é contemporânea ao evangelho nietzshieano, *Zaratustra* (1885-1886). Nietzsche chega à crise final no momento em que Freud começa a gestar a psicanálise, via correspondência com Fliess (1887-1889). Quando Nietzsche sofre um colapso mental, Freud, aos trinta e oito anos, está em crise de identidade.

Além desses importantes dados, o autor escreve que é "no período de sobrevivência física de Nietzsche que se realiza o nascimento da psicanálise. Quando Nietzsche morre, *A Interpretação dos Sonhos* acaba de ser publicada, enquanto termina precisamente a correspondência com Fliess (1901). Alguns meses após a morte do filósofo é que se forma o primeiro grupo psicanalítico (1902). Freud tem então quarenta e seis anos". Coincide, dessa forma, o movimento de descoberta da obra nietzschiana no início do século com a surgimento da psicanálise.

A onda da divulgação de Nietzsche faz com que circule seu pensamento facilmente entre a *intelligentsia* da época, o que conseqüentemente faz chegar a Freud o nome do filósofo. Vale ressaltar que Nietzsche é o único filósofo contemporâneo a ser objeto de simpatia pelo movimento analítico oficial.

Voltando à relação mais específica dos dois pensadores, as declarações de Freud demonstram um certa resistência na leitura do filósofo. Em 1908 confessa que "não conhece a obra de Nietzsche", ou melhor, "nunca conseguiu estudar Nietzsche", e mesmo havendo tido nas mãos um dos seus volumes, não conseguiu "ir além de meia página". Em 1914 diz "eu... me recusei o grande prazer proporcionado pela leitura de Nietzsche", afirmando no ano de 1925 que a evitou por muito tempo. Apesar de sua recusa, Freud não nega que há um intercâmbio entre os dois pensamentos. É mediante um carta a Fliess (1900) que se pode compreender melhor o sentido dessa relação: "Acabo exatamente de pegar as obras de Nietzsche onde encontrarei, espero, palavras para muitas coisas que permanecem mudas em mim, mas ainda não abri o livro. No momento estou preguiçoso demais". Leitura

Da esquerda para a direita (em pé) A. Brill, Ernest Jones, Sandor Ferenczi, (sentados) Freud, Stanley Hall e Jung, Worcester, 1909.

Freud com o Comitê Psicanalítico em Hochroterd, em 1920.

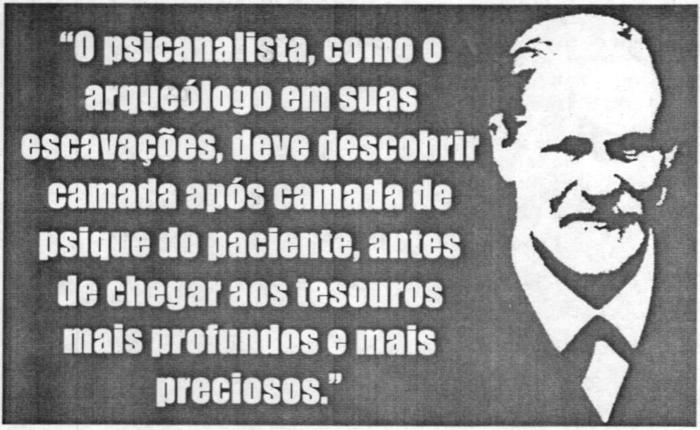

sempre adiada "por excesso de interesse", demonstrando a contradição de encontrar em Nietzsche aquilo que é ainda indizível para ele. Acrescenta, em 1934, que "ele representava para mim uma nobreza que estava fora do meu alcance".

A afinidade reconhecida e a idealização criada parecem afastar Freud de Nietzsche, porém o encontro é resgatado por algumas pessoas que acabam fazendo o elo entre eles. *A idéia é que os outros lêem Nietzsche para Freud.* Lou-Andreas-Salome por meio de sua correspondência faz uma conexão pessoal entre os dois; Thomas Mann realiza uma conexão literária aproximando as obras; e uma analogia filosófica mais sistematizada é feita por Otto Rank.

A partir dessa localização histórica, Assoun caminha para o conteúdo teórico, analisando, em primeiro lugar, os fundamentos que ocupam um papel discursivo e funcional central nas duas obras, ou seja, os conceitos de instinto e de pulsão. Em seguida estuda os temas que são o pano de fundo dos entrelaçamentos dos trabalhos, tais como amor e sexualidade, inconsciente e consciência, sonho e simbolismo.

Feito esse confronto, o autor apresenta o diagnóstico

sobre a realidade humana e sobre a *Kultur*, investigando as concepções referentes à moralidade e à doença. Finalmente, tal diagnóstico indica uma terapêutica, que esclarece os fins estabelecidos pelos pensadores no que diz respeito aos caminhos da humanidade.

A densidade da análise encontra-se nesses tópicos, trabalhados em profundidade por Assoun, procurando mostrar rigorosamente os pontos de cruzamento e de distância entre Freud e Nietzsche.

Conclui: "Nietzsche e Freud são como dois discursos erigidos frente a frente, que apesar de seus códigos diferentes e de suas classes distintas, atravessam as mesmas zonas de linguagem e aí determinam formas radicais à sua moda, de subversão". Identifica, assim, alguns elementos precursores da psicanálise em Nietzsche, porém trata-se de obras diferentes nos seus rumos. Como por exemplo, para Nietzsche a cura do homem é fazê-lo superar o Homem e a Lei (morte da lei imolada pelo Super-Homem), enquanto para Freud é fazê-lo superar a distância entre seu desejo e a Lei (sob uma perspectiva edípica).

O ousar saber de Freud e Nietzsche torna-se um elo importante entre as duas produções propiciando um pensamento verdadeiramente novo, ou seja, uma ruptura na história. Já por isso, figuras imortais.

(Fonte: *O Estado de S. Paulo* / Cultura, nº 480, São Paulo, 7/10/89.)

Freud e ocultismo

Jacob Pinheiro Goldberg

Freud era um iniciado? Tudo indica que sim. Em suas cartas ele aborda o problema sem resolver nada. Seus livros possuem muitas alusões a um conhecimento esotérico. Em Moisés e o Monoteísmo *ele demonstra conhecer a ciência secreta do Egito. Sabe-se também que Freud filiou-se a várias sociedades secretas. Enquanto isso ele aconselhava Jung a não abandonar a teoria da sexualidade, por ser uma arma contra a maré negra do ocultismo. Qual a verdadeira origem da teoria psicanalítica de Freud?*

A vida e a obra de Freud estão impregnadas pela influência do pensamento mágico. Essa afirmativa pode ferir profundamente as bases doutrinárias da ortodoxia psicanalítica e ir de encontro às intenções conscientes de Freud. Matéria que fica em aberto. Comecemos pelo prenome. Freud tinha dois: Schlomo e Sigismund. Mas, em 1878, com vinte e dois anos, adotou o prenome de Sigmund. Abandonou as letras "is", as primeiras do nome Israel, e outro nome de Jacob, o "forte contra Deus", da *Bíblia*, depois da luta contra o anjo. Segundo as escolas místicas, uma das formas de se alterar o próprio destino é a alteração do nome. Schlomo era o nome de seu avô paterno, morto quando Sigismund nasceu, ou seja, uma ligação sob a égide da morte, da qual pretende se livrar. Leitor assíduo e sério, Freud não poderia desconhecer essas tradições e as implicações do esoterismo da mudança de nomes. Freud usou, abundantemente, nas suas experiências e na sua literatura, um linguagem repleta de demonismos. Bernard Pingaud relata que quando Freud foi acolhido, triunfalmente, nos Estados Unidos, pronunciou uma frase que ficou célebre: "Esta gente não suspeita que eu lhes trago a peste". Numa carta famosa a Fliess, cuja amizade teve importância decisiva, emocional e cultural na sua carreira,

Freud escreveu: "Nos meus anos de juventude, aspirei apenas ao conhecimento filosófico e agora estou a ponto de realizar essa aspiração passando da medicina para a psicologia, até a constituição de uma metapsicologia qualificada de feiticeira, homenagem indireta e irônica à metafísica".

Se aplicarmos o próprio método psicanalítico de análise, pode-se deduzir o lastro inconsciente na escolha dos vocábulos, de nítidas características demonistas. Peste e feitiçaria não são instrumentos lingüísticos de ciência.

Tais passagens podem ser lidas em *A Utopia Freudiana*, de J. B. Pontalis.

O conceito mais divulgado e de maior impacto da psicanálise é o estudo do chamado comportamento edipiano, apontado por Freud, em abundante interpretação de base sexual. Marie Delcourt insiste em dois pontos: "A Esfinge é uma realidade fisiológica... e religiosa, a crença nas almas..."

Complexo de Édipo ou o mito espírita?

Na sua obra-prima, *A Interpretação dos Sonhos*, Freud usa uma interpolação que causa espécie, quando diz que se *Édipo-Rei* comove um auditório moderno tanto quanto um antigo é porque deve haver aí qualquer coisa que faz ressoar em nós uma voz pronta para reconhecer a força do destino.

A obsessão fatalista e de destino, em Freud, é visível nessa passagem. Holderlin fala sobre a clarividência de Édipo. "Interpreta definitivamente demais a palavra do oráculo... A cólera de Édipo é a de um saber embriagado."

O que é saber embriagado senão uma fórmula disfarçada de descrição de estado mediúnico? O psicanalista André Green percebe a existência dos fantasmas nos estudos da tragédia de Édipo. Aliás, no vocabulário do jargão psicanalítico "fantasma" significa sonho acordado, e é bem sintomática a escolha dessa palavra para definir um fenômeno que, além dos significados puramente lineares de patologia e morbidez, poderia lembrar o transe mediúnico, considerado por espíritas, como o sonho acordado!

Em todas as escolas esotéricas atribui-se importância mágica e excepcional ao nome das pessoas, dedicando-se estudos profundos sobre a questão. O primeiro esquecimento de nome analisado por Freud está ligado ao recalque, os efeitos do processo primário, o inconsciente, ou seja, a própria base da psicanálise. Já vimos a questão da mudança do prenome de Freud. Agora, veremos a magnitude que Freud reserva ao estudo do esquecimento do mencionado prenome que mereceu sua análise, Luca. Todo esse episódio ocupa tamanha relevância na obra freudiana, que prefiro transcrever comentários do psicanalista Guy Rosolato, delineando a dimensão do problema: "nota luciferiana... terapêutica luciferiana (que traz a luz)... implicações demoníacas que Freud pressentia em suas descobertas e naquilo que se tornará a psicanálise..."

Mas podemos ir ainda mais longe nesse filão de surpreendentes descobertas. Freud, noutra carta a seu confidente Fliess, referindo-se ao ano de 1900, afirma, textualmente: "Tudo está flutuando, vagando, um inferno intelectual, camadas superpostas, e nos recônditos tenebrosos se distigue a silhueta de Lúcifer-amor". Creio, sinceramente, que bastaria esse texto para convencer os mais radicais descrentes o quanto Freud sentiu os impactos do pensamento mágico e, particularmente, daquilo que se convencionou chamar demonismo. Nesta passagem, chamo a atenção do leitor para a epígrafe da *Interpretação dos Sonhos*, tirada de *Eneida*, mais adiante citada e comentada, fazendo-se a correlação.

Dentro dos trabalhos estruturais, de doutrina psicanalítica, a entidade do superego foi chamada por Bergler de *Daimonion*, por sua severa inflexibilidade.

Freud foi ainda buscar em Goethe sua frase: "A partir do céu, através do mundo, até o inferno, para afirmar a penetração das observações da sexualidade".

Rosolato, usando a etimologia associativa em relação ainda ao prenome Luca, propõe luz (*lux lucere*, em latim), em direção aos poderes de Lúcifer (o nome de Vênus, em hebreu, *helel*, chegado a *halal*, brilhar), príncipe dos demônios. Noutra carta a Fliess (a correspondência de ambos ocupa papel fundamental para compreensão dos mecanismos íntimos do pensamento de Freud), de número 70, o pai da psicanálise referindo-se à sua primeira governanta, idosa e feia, "mas inteligente, que falou muito de Deus e do inferno e deu uma alta idéia de minhas próprias faculdades". Que estranha destinação terá exercido essa autêntica bruxa, que na infância do gênio lhe terá revelado os segredos do futuro? Aos três anos de idade, indo de Freiber para Leipzig, Freud lembra que "as chamas de gás que aí vi pela primeira vez fizeram-me pensar nas almas queimando no inferno". A lembrança repetitiva do mesmo motivo em dramáticas circunstâncias perseguirá o adulto até sua morte.

Para encerrar este tópico, assinale-se que o nome Luca Signorelli tem nas suas sílabas finais *elli* (Eli: Deus e morte), o que se lê na página 293, do texto de 1898.

O assassinato do príncipe egípcio

Sabe-se do fascínio invulgar que a figura de Moisés, desde a obra de Michelângelo, exerceu sobre Freud. Terá sido interesse meramente estético e cultural? O próprio Freud, quando relata suas visitas ao local onde se encontrava Moisés, usa de expressões calorosas que lembram a reverência da missa. Senão, vejamos: "Sempre tentei manter-me firme sob o olhar irritado e desdenhoso do herói... Mas, às vezes, eu prudentemente deslizava para fora da penumbra da nave como se eu mesmo pertencesse à ralé para a qual se dirige este olhar...". Linguagem de unção, fervor religioso, como se estivesse a mirar e ouvir uma pessoa viva e não uma escultura de pedra.

Passagem de Freud por Paris a caminho de Londres, 1938.

O que acaba levando-o aos fantásticos conceitos de seu último livro no qual levanta a hipótese de que Moisés não era judeu, mas um egípcio, e que o monoteísmo judaico era derivado dos ensinamentos do rei egípcio Akhenaton, herético na tradição religiosa egípcia. E finalmente, de que os judeus teriam assassinado Moisés. Releve-se que esse livro foi reescrito de várias formas certo número de vezes, como se Freud hesitasse na publicação desses devaneios. Sabe-se que os ocultistas acreditam que Moisés se tornou o mais inspirado adepto dos mistérios egípcios, iniciado na ciência secreta, herdada da Atlântida e da Lemúria. Outrossim, como curiosidade, o médium André (que afirmou que Jonas teria viajado num submarino e não numa baleia) revelou que Freud estaria intrigado por se considerar uma reencarnação de Moisés...

O messianismo da psicanálise

Jean Laplanche ressaltando a rigidez e as características dogmáticas da psicanálise ortodoxa, chega a usar as palavras de ressonância bíblica: "E Ele se fez homem e morou entre nós", em relação a Freud. Essa predestinação encontra explicação na citação de Virgílio, a que acima aludimos: "*Flectere si nequeo superos, Acheronta movebo*" ("Se não posso mover os céus, moverei o inferno"), na abertura da *Interpretação dos Sonhos.*

Em nível esotérico trata-se de afirmação da mais alta importância e, no seu paralelismo poético, pode representar um pedido de licença de Freud para penetrar no mundo dos sonhos, as potestades do inferno.

Essa dicotomia está sempre presente nas revelações ocultistas de que o que está em cima (consciente) é semelhante ao que está embaixo (inconsciente). Céu e inferno. Talvez seja interessante contar o episódio dos anéis, relatado por

Erich Fromm — Freud presenteou Jones, Ferenczi, Abraham, Rank, Sachs e Eitigon com antiga obra de entalhe grego de sua coleção, montada num anel de ouro. Junto com aquele que, pessoalmente, usava, formaram os "Sete Anéis", registrado por Sachs e assim denominados.

Idéias de morte e de fatalismo

Curiosa a somatória do número mágico e o uso de um objeto de afinização.

Mesmo em tom de brincadeira e galhofa, percebe-se o elemento de preocupação quando se constata que os usuários seriam os homens de grande sabedoria que deveriam conduzir o movimento psicanalítico mundial.

Interprete-se que a própria brincadeira no universo de interpretação psicanalítica sempre tem um significado transcendental.

Em várias fases de sua vida, Freud pretendeu ter o conhecimento antecipado da data de sua morte, cercando-a de superstição e receios. Ligou-a à teoria dos números (de origem claramente ocultista), que acabou representando particular papel e significado no seu desenlace.

Ainda jovem, escreve à sua noiva Martha sobre o suicídio de Nathan Weiss: "... Sua morte não pode ser acidental, seu ser antes encontrou nela sua plena realização". Em 1894, segundo seu biográfo Jones, prevê que sua morte se dará entre os quarenta e os cinqüenta anos de idade. Aos cinqüenta e um anos, em correspondência a Ferenczi, muda a previsão, fixando-a em fevereiro de 1910!

Seu amigo Fliess havia imaginado o que chamou de metabiologia, com uma perspectiva cosmológica, na qual os organismos evoluem conforme a evolução da Terra e suas relações com o Sol e constata a chamada lei dos 23 ou 28 (periodicidade baseada na bissexualidade dos seres humanos

— ordenada pelos dois números, ligados com os fenômenos da menstruação e representando os componentes feminino e masculino). O falecimento de Freud se dá, fantasticamente, na data do ciclo — 23 de setembro! Freud determinando a própria data de seu falecimento, por um processo subjacente de vidência?

Em *Naissance de la Psychanalyse*, Freud afirma que seu pai sabia, claramente, quando deveria morrer e que conservara sua serenidade até o fim. Causa espécie esse gênero de afirmações oriundas da mente do cientista do racionalismo.

Interesse apaixonado

Em carta dirigida a Jung, Freud é bem explícito: "Em matéria de ocultismo, tornei-me humilde com a grande lição que recebi das experiências de Ferenczi". Sabe-se que Freud acompanhava essas experiências e por vezes nelas tomava parte, em sua residência em companhia da filha Anna e de algum médium levado por Ferenczi.

Esse interesse comprovou-se, para irritação de alguns de seus seguidores, quando Freud entrou para sócio de diversas sociedades ocultistas.

Em 1921, em correspondência com admiradores norte-americanos, escreveu: "Se pudesse começar a vida de novo, dedicar-me-ia ao estudo psicológicos dos fenômenos ocultos, em lugar da psicanálise".

Convidado a estudar os fenômenos da telepatia, aparições, premonições, visões, Freud escreve a Ferenczi: "Trata-se de uma experiência perigosa e não posso acompanhá-lo". Perigosa, como?

Renato Bittencourt publicou, no Brasil, em 1973, interessante trabalho sobre esse irresistível fascínio que o misticismo exercia sobre o fundador da psicanálise.

Misticismo e surrealismo

Os herdeiros de Freud publicaram, em suas obras completas, alguns fragmentos enigmáticos, datados de julho, em Londres, antes de sua morte. O último dos assentamentos, de número 22, VIII, diz, textualmente: "Misticismo; a autopercepção obscura do reino do Id, além do Ego".

Provavelmente, é o último escrito de Freud, denotando até o final de sua vida sua obsessão com essa temática. E não é de causar espanto. Um vez ele comparou os prolongamentos metafísicos da psicanálise com uma "embriaguez sem álcool".

Definindo a diferença entre o delírio e o fantasma, Freud usa de expressões dignas de atenção dentro da linha ocultista: "No delírio, os fantasmas tornaram-se os senhores soberanos, isto é, obtiveram crédito e com isso acionam a conduta do sujeito".

Ao fim de sua vida, Freud afirma: "Se Deus não se apressar, continuarei a ser em toda minha vida o que sou, um judeu infiel". Cabe a indagação, "o que sou eu ao lado daquele que gostaria de ser?"

Na correspondência mantida com Breton, Freud considerou o surrealismo uma "perversão fetichista", remetendo o movimento artístico à corrente de Janet, Charcot, ao espírito parapsicológico, medianímico, segundo Starobinski, em contraposição à corrente principal que iria de Messmer a Freud. Ora, o messmerismo se alimentou da literatura mágica, astrológica, hermética, dos séculos XVI e XVII, segundo o próprio autor, e essa conceituação teria de influenciar o pensamento freudiano.

Para finalizar o estudo sobre a angustiante ambivalência de Freud e o ocultismo, vamos transcrever o diálogo com Jung, por este relatado em *Ma Vie*: "*Meu caro Jung, prometa-me nunca abandonar a teoria sexual. É a mais essencial. Veja, devemos fazer dela um dogma, um bastião inabalável...* Um pouco surpreso, perguntei: Um bastião contra o quê? Ele me respondeu: *Contra a maré negra do...* Aqui ele hesitou um pouco para acrescentar... *do ocultismo*!"

Dois elementos sobressaem dessa passagem impressionante: o passionalismo que faz Jung se surpreender e a coloração negra que Freud empresta ao ocultismo. Seria contraposição à sua ciência branca?

A tensão freudiana é de tal natureza, nas pretensões de proselitismo dogmático, que leva David Stafford Clarck a compará-lo a Paulo, na espístola aos *Efésios*: "Porque a nossa luta não é contra sangue e carne, mas contra o espírito mau nas coisas celestiais".

Freud tem sido acoimado de puritanismo o que poderia explicar, parcialmente, o *tonus* de suas angústias. A conceituação científica freudiana costuma ser assim definida: "O paciente se liberta da imagem, transformando-a em palavras".

Ora, essa transformação não passa do exorcismo verbal, praticado há milênios por todas as escolas de magos e esotéricos.

Terá sido Freud o mais iluminado dessa longa e estranha corrente espiritual?

"A minha última guerra"

Erwin Theodor*

"A caminhada da Áustria em direção ao nacional-socialismo parece irreversível. Todos os destinos estão comprometidos com essa gentalha. Aguardo, com lástima sempre menor, que a cortina se cerre definitivamente para mim." Em 1936, Sigmund Freud escreveu essas palavras a Arnold Zweig, a quem mais de um ano antes havia profetizado que "o mundo se tornará um presídio imenso, no qual à Alemanha caberá a cela pior". Realmente não era Freud um homem de ilusões políticas nos anos e meses que antecederam o seu octogésimo aniversário (6 de maio de 1936), ocasião na qual Thomas Mann lhe entregou o trabalho comemorativo, *Freud e o Futuro*, acompanhado de uma mensagem firmada por mais de 190 cientistas, artistas e escritores, entre os quais Einstein, Picasso e Virginia Woolf, em homenagem ao natalício.

Em vida, Freud não recebeu — pelo menos na terra natal, a Áustria — as honrarias merecidas. É verdade que, em 1920, a jovem República lhe conferiu o título de "professor ordinário", sem entretanto consignar-lhe uma cátedra universitária; seu único doutoramento honorário, em "ciências jurídicas", veio dos Estados Unidos, país que Freud sempre observou com desconfiança (da Universidade Clark, em Massachusetts); em 1930 recebeu na Alemanha o Prêmio Goethe, da cidade de Frankfurt; e em 1935 foi eleito "Honorary Fellow" da Real Sociedade de Medicina, da Grã-Bretanha, a que se seguiu a sua indicação para "membro correspondente" desta mais tradicional de todas as associações inglesas. A Áustria, entretanto, foi parca no seu reconhecimento, e o próprio Freud admitiu, contrariado, quase no

---

* Erwin Theodor é membro da Academia Paulista de Letras.

fim da vida, o seu papel de oposicionista: "Já agora não quero que essa situação se modifique", disse aos oitenta anos, "rejeito um 'happy-end' do tipo cinematográfico". Realmente era Freud, desde 1923, no íntimo um homem amargurado, que de ano a ano via com crescente apreensão o ato final. Um tumor canceroso havia sido detectado na boca, em inícios da década de 1920, e a partir de então tivera de se submeter a operações sucessivas, que chegaram a 33, no correr dos anos. Externamente guardava distância da doença e absoluta presença de espírito; não permitia que seu ritmo de trabalho fosse interrompido, e a amigos que procuravam consolá-lo repetia a frase de Bernard Shaw: "Não tente viver para sempre, pois não o conseguirá". Em 1938, entretanto, a sua saúde se encontrava abalada por novas e mais demoradas operações, e a descoberta de metástases indicava a brevidade da sobrevida. Após a retomada de seus trabalhos de análise, verificam-se nesse ano "aqueles acontecimentos que... modificaram a nossa existência", conforme informa ainda a Arnold Zweig.

Era a integração da Áustria, no Reich alemão, o "Anschluss" do dia 12 de março de 1938, quando aquele pequeno país, agora governado pelo nacional-socialista Seyss-Inquart, entregou seu destino a Hitler. Antes, Freud havia sido repetidamente convidado a mudar-se, mas rejeitava a idéia de vir a ser um emigrante; pretendia "aguardar aqui o perigo. Caso me matem, bem, é uma forma de morte igual a outras. Mas isso provavelmente não passa de fanfarronice barata" (a Marie Bonaparte). Realmente aparecem, poucos dias depois à ocupação, integrantes das brigadas armadas nazistas (SS) na sua residência, confiscam todo o dinheiro que encontraram e convocam, pouco mais tarde, a sua filha à polícia secreta. Entretanto verificam-se intervenções a favor de Freud, não apenas por parte do embaixador dos Estados Unidos, da Casa Reinante da Grécia e de outras pessoas respeitadas pelo governo nazista, mas até mesmo de Mussolini, que apela em favor da total imunidade "desse grande cientista, de renome internacional". Em 3 de junho de 1938, finalmente, recebe Freud a permissão de deixar o país, após assinar uma curiosa declaração na Gestapo, afirmando que "se comprazia em confirmar que até a presente data não se verificou nenhuma importunação minha nem de ninguém que reside comigo. Autoridades e funcionários do partido sempre nos trataram correta e atenciosamente". Esse documento foi certamente condição imposta para que fosse liberado para realizar o desejo, agora mais ardentemente nutrido, de morrer em liberdade; de fato, quando, após breve permanência na capital francesa, chega às Ilhas Britânicas, seu estado de saúde se encontra gravemente abalado. Ali recebe homenagens inúmeras, sendo tratado pelo governo com honras comumente conferidas apenas a dignatários estrangeiros, entre as quais o comove especialmente a manifestação de apreço da Royal Society of Medicine, que envia membros de sua diretoria — com o registro honorário da sociedade, para que nele se inscrevesse, "num rol, contendo assinaturas desde Isaac Newton até Charles Darwin", conforme orgulhosamente anotou. É ali também que o outro Zweig, seu irrestrito admirador Stefan, a quem devemos tantas e comovedoras páginas acerca da personalidade de Sigmund Freud, se empenha para tornar-lhe mais fácil e agradável a existência na Inglaterra, principalmente tendo em vista a sua combalida saúde. Juntamente com o então jovem príncipe Hubertus Zu Löwenstein, que depois da guerra viria a ser respeitado político, historiador e deputado na República Federal da Alemanha, mas que já então se distinguiria com seus livros, *A Tragédia de Um Povo* (1934) e *Depois da Queda de Hitler* (1935), Stefan Zweig convence Freud a aceitar a sua última incumbência oficial, tornando-se, ao lado de Thomas Mann, presidente da "Academia Alemã no Exílio", cargo que aceitou a contragosto e sem nenhuma convicção, não apenas por duvidar de sua própria habilidade para assumir, por assim dizer, a liderança dos intelectuais de língua alemã no exílio, mas também por prever, conforme não deixou de expressar ao príncipe Hubertus, a proximidade de sua morte.

Freud, que inicialmente havia ocupado em Londres uma moradia provisória, mudou-se para o que viria a ser a sua última residência, no bairro nobre de Hampstead (Maresfield Gardens), para cuja escolha igualmente influenciou Stefan Zweig, homem de gosto refinado e arauto de Freud em terras inglesas. As operações do câncer haviam chegado ao fim; o diagnóstico, após constatação de mais um tumor, foi contrário a uma nova intervenção. Era verão de 1939, e quando, poucas semanas decorridas, as tropas alemãs avançaram sobre a Polônia, e a Grã-Bretanha entrava em guerra com o Terceiro Reich (3 de setembro de 1939), um amigo perguntou a Freud se esta viria a ser a "última guerra", Freud respondeu secamente: "A minha última guerra". O interlocutor era Max Schur, seu médico, e Freud, recordando-lhe ainda em setembro a promessa feita anos antes, de que não permitiria que seu paciente sofresse inutilmente dores lancinantes, obtém dele, no dia 22, uma dose de morfina, repetida nas doze horas seguintes. No dia 23 de setembro, Sigmund Freud adormece para sempre, sendo cremado, no dia 26, em Golder's Green. Ali, Stefan Zweig pronuncia o seu conhecido necrológio e empenha-se, nos meses seguintes, na publicação da obra completa de seu admirado amigo. A partir de 1940 vêm a público os 18 volumes, e nesse mesmo ano também Stefan Zweig escolhe a sua última residência: o Brasil e a cidade de Petrópolis!

(Fonte: *O Estado de S.Paulo* / Cultura nº 480, São Paulo, 7/10/89.)

Freud em 1931, um ano após publicar seu ensaio mais lido:
O Mal-Estar da Civilização.

FREUD

Bibliografia

A Medicina do Presente Exposta por Seus Representantes — Editora Felix Meiner, Leipzig.

Obras Completas de Sigmund Freud — Editora Delta, vol. X — Rio de Janeiro, 1970.

Freud para Historiadores — Peter Gay — Editora Paz e Terra — São Paulo, 1989.

Freud: Vida e Agonia, Vol. III — Max Schur — Editora Imago — Rio de Janeiro, 1981.

Freud e a Psicanálise — C. G. Jung — Editora Vozes — Petrópolis, 1990.

Freud: Uma Vida Para o Nosso Tempo — Peter Gay — Companhia das Letras, 1989.

Revista Planeta, nº 25 — Editora Três — Setembro de 1974.